自由宗教えの道

不思議な記録

別4巻
改訂版

天之御柱之理

一神会会長　　浅見　宗平
一神宮管長

天(あめ)之御(のみ)柱(はしら)之理(のリ)

国の柱　家の柱　人の脊柱(せミちゅう)

立つ骨の理とゆう神理である

自由宗教一神会会長　浅見宗平
古代神道一神宮管長

此の本の特徴

　此の本の特徴は　句読点の印が無いことであります　句は文の切れ目。読は句の中の切れ目、に付けて　読みやすくする為の印でありますが　此の本は　尚更読みやすくする為に　句読点は　用いてありません

　それから　もう一つの特徴は　挿絵のことであります　挿絵は　挿絵画家に書いてもらうのが　あたりまえでありますが　此の本の挿絵は　全部　著者である私が　神理眼　霊眼で書いた　不思議なことの証拠物件でありますので　下手な絵ではありますが　大切なものであります　どうぞ宜しくお願いします

　　　　　　　　　　　　　　著　者

不思議な記録 第14巻
天之御柱之理
目　　次

始めの言葉	14
十の神理の中の理 たつ骨の理	20
此の世の中は潰れない倒れない 天の御柱 国の御柱	21
世の中も人間も同じ神様が造られた たつ骨の理受持の神様	24
世の中と人間は相通じる様になっている 相対性神理	27
たつ骨の理受持の神様が植物を造られた 盆栽等の肥料に骨粉を与える	31

黒松　　槙柏

32

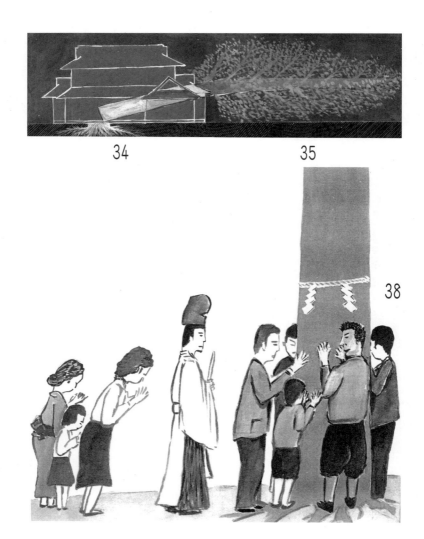

神様の実在を知らぬ為に大変な事になる **大木を切り倒した祟り**	34
毎月木を受持の神様に供物して祈願する **樵　木挽　植木職の事**	46
	52 53
花や木を植えたり庭を造ったりする事は **神様方に好かれます**	54
	58 59
花も実もある　たつ骨の理受持の神様方 **固い骨と柔らかい骨**	60

61　　　　　　　62　　　　　　　63

助けて貰いたい人から助けてあげたい人に **たつ骨の理と相対性神理**	92
たつ骨の理と相対性神理で判断する **骨組と骨格 人間と建物**	102

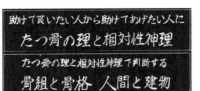

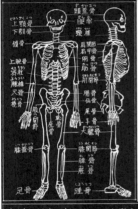

104

実話　断絶因縁になつても判らない人達 **脊椎カリエスの青年**	106

108

111

113

人は薄情　世は無情	112
脊椎カリエスと言われた益さん	116
先祖霊の祟りだと言われた	118
先祖霊の祟りは絶対に無い	121
たつ骨の理を 実例実話を以て 解き分けます 何故 脊椎カリエスになったのか	124
脊椎カリエスになった訳	130
前の長男は結核　後の長男は脊椎カリエス 因縁の骨組を解き分ける	142
知らぬ間に犯した罪	146
実話　親の行いが煙となり子に現われてくる 重い病の十字架を背負った娘さん	150
押倒されて背骨がズレてしまった	154

151　155

広子さんは脊椎カリエスになっていた	158
親の誠で奇跡的に助かった	160
仕方なくお嫁に行く事になりました	163
再び脊椎カリエスになってしまう	166
なぜ広子さんは脊椎カリエスになったのか	170
実話 戦争の犠牲となった哀れな運命の人達 夫が子供を置いて家出した	172
置いてきた子供が尋ねて来た	176
置いて来た子の身の立つ様にする事	178
脊椎カリエスは肺癌因縁と断滅因縁	180
実話 交通事故で骨が折れてしまった主婦 鎖骨 肩甲骨 肋骨 九か所折れた	184
霊体手術の骨の音を聞いた人	186

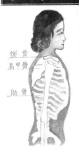

レントゲン写真を見て驚いた人達	190
骨が九箇所折れた訳	193
被害者 本人の手記より抜粋	198
五年前の予言を想い出した	200
手術もギプスもしないで治った	202

交通安全の為に心得ておくべき大事なこと 術事の神名三回唱えて発車する	206
術事の神名を唱えよ	208
御神言 このかみなに そむくなよ そむけば たをれるぞ つぶれるぞ　一神宮所蔵	212
術事の神名に背いた社長	213
立つ骨の理受持の神構に嫌われた人	216
立つ骨の理受持の神様が担当する 世の立て直し	220
御神言 このよの たてなをしきたるぞな かみの こころに もたれて とうれよ	222
限界限度と言う神様の掟がある	226
人間が造つた世界ではない	232
悪いものは隠れても 隠しても駄目です	235
神の心に凭れて通れよ	238

かみのことば なにごとも おきてから ゆうのが にんげんで おきる まえから おしえてとぅるが かみのみち	239
世界中の宗教宗派が無くとも神理はある 神様の実在を悟れ	242
知識人（インテリ）ぶる 無神論者	244
無神論者であると言った医者	251
互い立て合い助け合い	256
恩返し 身代り 大木	260

263

庭木が枯れて心配をしていた人　269

あとがき　272

274

275

277

279

かみのことば

ねはしたで

つちのなかで みえねども

うえさ かえるは

ねのため なるぞ

わすれるなよ

一神宮所蔵

始めの言葉
紫陽花(あじさい)が 息(いき)をついたる 小糠雨(こぬかあめ)

　不思議な記録第13巻を書き終わって落ち着いた気持で　境内地の中を見て廻りましたら　皐月(さつき)の花も終わりであって　今年の名残(なごり)に幾つか咲いていました　そして　紫陽花(あじさい)が咲き始めました　次々と色々な花が咲いて　楽しませてくれる草や木を見ていると　人間には出来ない草木が　嫌われない様に　飽(あき)られない様にと　一生懸命に花を咲かせたり　葉の色を変えたり努力して　世の為人の為に　尽(つく)しているのが判ります　平和である事が本当に良い　それから幾日か過ぎました　梅雨(つゆ)に

始めの言葉

入りました　紫陽花は何うしたかなと思って見に行きましたら　薬玉の様に咲いた花に霧雨の様な小糠雨が静かに降っていました　紫陽花は生々と息をついていましたので　拙い俳句でありますが一句作りましたので　次に記しておきます

◆　紫陽花が　息をついたる　小糠雨　　　宗星

　不思議な記録第14巻は　十の神理の中の一つで●たつ骨の理●の解き分けを致します　草や木はたつ骨の理受持の神様が　御守護されている中の一つでありますから　此れからは　草花や樹木の事が沢山出てきます　此の事が判りますと　草や木等の肥料に骨粉を　撒いたりする訳が判ってきます　その様な訳でありますから　たつ骨の理と言う硬い難しい神理を　軟らかく易しくする為に草花や樹木等を　なるべく多く挿絵にしたり　私

の拙い俳句でありますが時々記しますので　頭休めのつもりで読んで下さい　不思議な記録第11巻より　書き記されています事は　お読みになった方は　お判りになった如く　人間の限界を越えた不思議な次元の書き物であります　神様と人間では　造り主と造られた者の如く　立場が違うのと考え方が違います　神様でなければ判らない事があります　此処迄判れば　神様振ったり教祖様になったりしません　モーゼロミラス　釈迦如来イエスキリストは　神様から教えて貰って　あの境地になったのでありますが　今の宗教家は要領がいい者が多い　と言いますのは　釈迦の生れ変りや　キリストの生れ変りだと言ったり　釈迦やキリストが入り込んだと言って　嘘をついて人を騙しているからであって　それは結局自分自身を

始めの言葉

騙している事になります　釈迦やイエスキリストの様な聖者になりますと　此の地球上には生れ変る事はありませんし　霊魂が人間に入り込む事もありません　それよりか　釈迦如来やイエスキリストを　手本として勉強し修行して　立派な宗教家に成るのが筋道でありますが　現在の宗教家の中には　世渡りが上手で要領のいい者がいて　碌に神理の勉強も修行もしないでいて　釈迦の生れ変りだの　キリストの生れ変りだのと言って人を騙している宗教家がいますが　余りにも要領がいいのと　狡いので呆れてしまいます　どうぞ気を付けて下さい　お釈迦様が釈迦如来と呼ばれる様になるには　イエス様がイエス救世主と呼ばれる様になるには　生れ変り出変り一生一代として百代もの長い年代をかけて　艱難辛苦を重ねて

神様より神理を教えて貰い　神様に対する礼儀作法の祭式や　神様のお使いとして行う祓い清めの神事(かみごと)を　勉強したり修行したりして　聖人(せいじん)と成られたのであります　宗教家の手本であり　人間の手本でありますが　此の様な事を知らない人間が釈迦如来やイエス救世主(キリスト)の生れ変りだと　言って人々を騙し結局は自分を騙しているのであります仏教もキリスト教も　世界中の宗教宗派が無い時代でも　神様が造った世界でありますから神様の教えはありました　それが●神理●であります此の世の中は　神理が一杯(いっぱい)に詰(つま)っています　それで此の世の中は　理詰(りづめ)の世界と言うのであります世の中が神理で詰(つま)る程でありますから　沢山ありすぎる神理を　人間が整理統合(せいりとうごう)して判り易くすると言う事は　人間の次元では絶対に出来ません

始めの言葉

此の世の造り主である神様が　人間に判る様にと沢山あり過ぎる程ある神理を　縮めて縮めぬいて人間の手の指で数える事の出来る様に　十の神理にまで　整理統合して教えて下さいました　此れが●十の神理●と言うのであります　此の神理を元にして　勉強し修行して立派な宗教家や　聖人聖者と成ったのでありますが　昔は十の神理を教えても　他に見せない　聞かない　話さない　と言って　両手を目にあて　耳にあて　口にあて道祖神様に固く約束してから　教わりましたのが此の　十の神理でありますが此の度は　神様のお赦しを得て　不思議な記録第11巻より　十の神理の解き分けを始めました　此れが纏まりますと本当に宝物中の宝物となります　それでは不思議な記録第14巻　たつ骨の理　に入る事に致します

十の神理の中の理
たつ骨の理

　神様は　法を以(もっ)て　此の世を造りました　そして同じ神様が　同じ法を以て　人間を造りました　此の法と言うことは　神理のことであり　神様のお働きのことであります　此の世の中と人間を造った神様は　同じ神様であって　同じ神理で造ったのでありますから　世の中と人間は　相互(あいたが)いに通(つう)じるので相対性神理(そうたいせいしんり)であります　不思議な記録第14巻では　十の神理の中の　たつ骨の理を解き分け致しますが　たつ骨の理受持の神様方は　世の中を造りますには　世の中が常(とこ)しえに潰(つぶ)れず

たつ骨の理

倒れない様に　たつ骨の理を以て世の中の骨組を造り　天(あめ)の御柱(みはしら)　国(くに)の御柱(みはしら)を立てました　その柱と言いますのは　物質的に人間の肉眼(にくがん)では見えませんが　世の中が潰れないし　倒れないと言う事は　世の中を支えている　骨組や　天(あめ)の御柱(みはしら)　国(くに)の御柱(みはしら)が立っているからであると　悟れましたならば　肉眼では見えない事が　見える事になったので　心の眼が開(ひら)けた人と言い　開眼(かいがん)した人と言うのであります　此の事を確りと悟って下さい

此の世の中は潰(つぶ)れない倒(たお)れない
天(あめ)の御柱(みはしら)　国(くに)の御柱(みはしら)

人間が家を建てる時　地震や嵐(あらし)でも潰れない様に　倒れない様にと　強度計算に依って　木造でも鉄筋鉄骨(てっきんてっこつ)でも縦横斜(たてよこなな)めに　柱や胴縁(どうぶち)　間柱筋交(まばしらすじかい)

等の材料や材質を決めて　組合（くみあわ）せて骨組（ほねぐみ）を造ります　骨組の出来た時に　建舞（たてまい）と言ってお祝いをするのであります　現在では建前と言いますが建築の神聖さを知らない人が　言う字でありますから　地祭りも建舞も判らない　いゝかげんな事となります　神様が造った世界に　万物の霊長である人間にして戴いた事を　悟っている人間であるならば　神様に感謝しながら　地祭りをしたり建舞をしたり　出来上りましたなら　祓い清めて神様を祀（まつ）る所を作るのは　人間の礼儀であります此の様にして神様を　奉（たてまつ）る事が出来た人は　家の柱と言います　天の御柱　国の御柱　家の柱　と言う様に柱と言う字は　木偏（きへん）に主（ぬし）と書きます如く木は立木（たちき）と言います様に　たつ骨の理受持の神様の受持であって　主と言いますのは　主人の事で

たつ骨の理

家を背負って立つ人の事であります　立木の木と家を背負って立つ主人の　主と合（あわ）せて　柱（はしら）と言う字になります　柱となりますのは　たつ骨の理の働きでありますから　世の為人の為に骨身惜しまず　立ち働いて尽している人は　国の柱家の柱と言われる人格者になりますが　要領がいい怠け者は　主人の役も家の柱の役も果たせませんから　たつ骨の理受持の神様に嫌（きら）われて　家は潰れてしまい　躰は倒れて立てない病となってしまいます　此の世の中が潰れず　倒れずに続いていると言う事は　肉眼の眼では見えなくとも　神理の勉強をしていますと　天の御柱　国の御柱が　立っていると言う事が判る様になります　それは前に言いました如く　心の眼が開けたと言う事で　開眼したと言います　神理の勉強をしない者は　絶対に

開眼しません　何故かと言いますと　心眼は神理の勉強に依って　神理を悟った人の眼でありますから　心眼は神理眼であって　神眼と言います
天の御柱(あめ の みはしら)　国の御柱(くに の みはしら)　となって常(とこ)しえに御守護をしている神様方は　たつ骨の理受持の神様方の中から　天之常立之神様方(あめ の とこたち の)　国之常立之神様方(くに の とこたち の)　と申しあげる神様方であります　家の柱は主人が成るのが当然であります　どうぞ確り悟って下さい

世の中も人間も同じ神様が造られた
たつ骨の理受持の神様

　たつ骨の理受持の神様方が　天の御柱　となり国の御柱と成って　此の世の骨組を造って　御守護をされているので　潰れる事なく倒れる事なく常(とこ)しえに　立ち続いているのであります　そして

たつ骨の理

たつ骨の理受持の神様は　自然界に於ては植物を受持っています　人間の躰では　立ったり坐ったり横になったり出来る働きと　骨の理を守護されているのであります　此れでお判りの如く世の中では　天の御柱　国の御柱　と言う御守護をされ自然界では植物と鉱石等の御守護をされていますそして　人間や動物に於ては　骨の御守護をされています　此の事を判り易く次に記して見ます

　十の神理の中　たつ骨の理　御守護の理

◆大宇宙（天界地界）　　天の御柱　国の御柱
◆大自然界　植物（草木　野菜　果物等）鉱石等
◆生物界　人間の骨　動物の骨　calcium（カルシウム）

以上の如くでありますが　此の事を確り悟って下さい　何回でも繰返(くりかえ)して言いますが　大宇宙では神様が柱となって○神柱(しんばしら)○となり　自然界では

植物　鉱石等を守護し　生物界では骨を守護されています　人間の骨　骨組　骨格　そして　立ったり　坐ったり　横になったり　飛んだり跳ねたり　歩いたり　走ったり　出来る働きを守護されています　人間には足があるから　立ったり歩いたり出来る　と思うのは悟りが足りません　足があっても　立てない　歩けない　人がいますのはたつ骨の理と言う神様のお働きを　戴けない人か神様に差し押さえられた人であります　今記して来ました事は　特に重要な事でありますので　幾(いく)度(たび)も繰り返して記しますので　御承知の上勉強をして下さい　十の神理の中　たつ骨の理　御守護の理を　大宇宙　大自然　生物界　と言う様に分けました　そして此の世の中を造りました神様と人間を造りました神様は　同じ神様で同じ神理で

造ったのでありますから　世の中と人間は相互（あいたが）いに通じますので　相対性神理であると言いました

> 世の中と人間は相通じる様になっている
> 相対性神理（そうたいせいしんり）

此れから次第に　不思議な世界へ　あなた様を御案内致します　それでは○相対性神理○の事を解き分け致します　幾度（いくたび）でも繰り返して言います如く　此の世の中を造られた神様と　人間を造られた神様は　同じ神様であって　同じ神理を以て造られたのであります　此の事が相対性神理の基本でありますから　素直に確りと悟って下さい
それでは判り易い事から始めます　人間と植物と相通じる所があります　たつ骨の理受持の神様は人間の骨を受持っていますが　自然界では植物や

石を受持っていますが　今はその植物の中でも身近な草花や　庭木　盆栽　で勉強します　近頃では狭いお庭でも　日曜日になると親子で草花を植えたり　観葉植物を外に出したり　家の中に入れたりしている　家庭がありますが　それが家庭教育であって　植物は生き物でありますので　大事にする事を　身を以て子供に教えている親は　家庭教育の先生であります　草花や観葉植物や樹木を大事にする事は　植物と人間の骨を受持っている神様は　同じ神様でありますから　植物を大事にした事は　たつ骨の理受持の神様に　好かれまして　骨や骨組が丈夫になる様に　御守護されますそれとは反対に　草花や庭木があっても　部屋の中に生け花があっても　観葉植物があっても　振り向きもせず　笑顔を見せるでもなく自分の事で

たつ骨の理

いっぱいで　草花や樹木(じゅもく)に対する感謝も愛情も無い人達は　たつ骨の理受持の神様に　嫌われてしまい　立つ働きがなくなって　怠け者が出来てくるか　骨の患(わずら)いをする者が現れて　家は次第に潰れて行きます　たつ骨の理受持の神様に依って人間は骨が授かり　立つ働きを御守護されていますが　同じ神様の働きで出来ている　植物を粗末(そまつ)にしたり　無関心であるので　その事が人間の骨に　影響(えいきょう)が現れて来ます　此れが相対性神理であります　今迄誰も知らない事でありますが此れは相対性神理と言う　神理でありますから│＋│＝２と言う　数の真理を素直に受け取った如く　そして　高等数学迄判る様になりました如く　此の相対性神理も素直に受取って下さい　此れからも判る様に　一生懸命解き分け致しますので　確(しっか)り

と悟って　人生の難しい事情問題や身情問題でも
本当に助けの出来る人になって下さい
此の世の中の謎が　相対性神理に依っ
て　解き分けされてまいります
人間の骨と植物と相通じる所が
あると言う事は　たつ骨の理を
受持つ神様が　どちらも造っ
て御守護されていると
言う事を　知らない人
でも不思議な

たつ骨の理

事を行っていますので　次にその事を記します

> たつ骨の理受持の神様が植物を造られた
> 盆栽(ぼんさい)等(とう)の肥料(ひりょう)に骨粉(こっぷん)を与(あた)える

　自然の山地や原野に　自生する植物は　季節や気候の変化等に依り　落葉(らくよう)して腐(くさ)って出来る土や虫鳥動物等に依って　天然自然の肥料が供給されますが　庭木や鉢植には　人間が肥料を与える事が必要です　更に盆栽になりますと　小さな鉢の中で　大木の様な姿を維持(いじ)していますので　月に一度や二度は肥料を与えます　その肥料の事でありますが　或る日　大きな盆栽屋である知人を訪ねました時に　盆栽に与える肥料を　作っていましたが　側に骨粉と菜種粕(なたねかす)の袋がありました　それを1m(メートル)×60cm(センチ)位で　深さ15cm(センチ)位の箱に入れて

よくかき混ぜて　水を適当に入れて　直径2cm位の団子にして　幾日か置いて乾燥します　此の様にして出来た肥料を　盆栽や鉢植の木に　三個位ずつ置いてあげます　此の肥料を作るには骨粉を混ぜますので　臭くて嫌な匂いがしますので　人気の無い様な所で乾燥させて　匂いが薄くなってから使います　盆栽屋さんになりますと　お客様の事に気を使っています　扱こゝで考えます事は

たつ骨の理

なぜ植物に骨粉を使うのかと　言う事であります
盆栽屋である知人に〝何うして盆栽に骨粉をやる
のか〟と聞きましたら〝親の代から教えて貰った
通りに　やっているけれど　此の肥料が一番効き
目がある〟と言いました　人間や動物の骨と植物
は　たつ骨の理受持の神様が造って　御守護をさ
れている事を知らないでも　何も疑る事もなく親
の言う通りに　行っている知人ではありますが
盆栽を通して植物を大事にする人となりますので
たつ骨の理の働きで　家の骨組と言って　家族の
仲も良くなり　商売も成り立ちます　然しどうし
てそうなるのか　と言う事を知らないでいますと
やがて失敗をする事があります　その為に常日頃
から神理の勉強をして　植物と骨は同じ神様が造っ
たので　相対性神理の働きを　悟って戴きたい

33

それでは次に　植物の祟(たた)りの恐しさを　記します

神様の実在を知らぬ為に大変な事になる
大木を切り倒(たお)した祟(たた)り

　神様が造った世界に住んでいて　神様の実在を知らない人間が沢山います　宗教家と言う肩書(かたがき)を持っていても　神様の実在を知らない者がいる位でありますから　油断は出来ません　此れから記

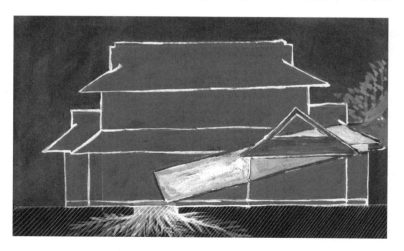

たつ骨の理

します事は　実話でありますが地名人名は　仮名
に致しましたので　御理解の上参考にして下さい
或る日　年格好は60才過ぎ位の婦人が来ました
その婦人の話しでは　三年程前に家を建て替えた
と言いました　それまで建っていた家はそのま丶
にして　庭が広いのでその場所へ家を新築して
出来上ったので移ると　前の家は壊してその跡は
自分の家の自動車の駐車場と車庫にしました　と

言いましたが　新しい家の方に住む様になってから　変な事が続いて起きるので　霊能者(れいのうしゃ)や祈禱師(きとうし)等に頼みましたが　金ばかり沢山取られて一寸(ちっと)も良くなりません　そればかりでなく主人が半年前に亡くなりました　そうしたら親戚の者が来て自由宗教一神会と言う不思議な所がある　と教えてくれましたが　霊能者や祈禱師等に頼んでも少(すこ)しも良くならないので　懲(こ)り懲りしていましたので来ませんでしたが　あまりにも変な事が続くので　お参(まい)りに来ました　と言う事でありました　新しく家を建てる時に　地祭りをしましたかと聞きましたら　"神主さんが来て地祭りをしてくれましたよ"と婦人が話しをしている時に　私は術事の神名 なむぃぬしんおをのみこと 様と唱えながら聞いていました時に　婦人の家が不思議な映像(えいぞう)になっ

て現れましたので　早速画用紙に書いて婦人に見せましたら〝これは私の家ですけれど　家の中に木が倒れているのは何ですか〟と　驚きながら聞きました〝此の木が問題なのですよ〟と私が言いますと〝確かに大きな木がありましたが　神主さんが地祭りをしてくれましたので　切り倒しましたが　それでも駄目ですか〟と言いましたので〝それでも駄目です〟その神職さんは地祭りをしても　その大木の他(ほか)にも大小の木があった場合は木霊(こだま)祭りと言って　樹木や草花等植物を　受持の神様に　人間の勝手な都合でありますが　木を切り倒しますので　植物の御霊(みたま)を受持の神様の所へお引き寄せ下さいませと　謹(つつし)んで申しあげてから神職と家族　建築関係者達は　切り倒される木に両手を当(あ)て〝本日まで長い間世の為人の為に尽し

てくれました事を感謝致します　ありがとうございました"と人間に話しをする如く声を出して一本一本お礼を　申しあげてから切り倒しますが　その時に　山や野原以外は　根を掘り出して下さい　特に建築をする所や人通りのある所は根を掘り出さねばなりません

たつ骨の理

ところが前の不思議な絵をよく見て下さい　家の中に大きな木が倒れていますが　その根が切られても　掘り出して無いばかりか　その上に家を建てる為に　基礎コンクリを打ってありますが　此れは大変な事になりますよ　第一此の木は百年以上の大木ではありませんか　百年以上もの長い間人間の出したガスを吸って　人間の吸う酸素にして出して　又空気を動かして風を起したりして空気を清浄化したりして　世の為人の為に尽して来た樹木に　御礼の言葉を一つ言うでなし　切り倒しても根は生きているのに　コンクリを打って立派な家を建てましても　たつ骨の理受持の神様は　見貫見通しで御覧になっていますから　大変
みぬきみとお
な事になります　木は立木と言う位であり　建築は家を　たて　ると言い　骨組と言う時もありま

すから　木霊祭りをしないで　大木を切り倒したり　その根の上にコンクリを打ったり　と言う様な　生き物に対する愛も情けも無く　筋道通らぬ事をしましたので　その様な家は一家の柱となる人　つまり主人から倒れ始めて　男子は　次第にいなくなってしまいます　そして女性も骨の患いとなって　寝たきりとなります　会社を持っていても潰れてしまいます　では此の婦人の家は何うすれば助かるか　と言いますと　今更木霊祭りを行っても駄目であります　世界第一の宗教家や行者や霊能者が集まって　祈願祈禱をしても駄目であります　では何の様にすれば助かるか　と言う事を教えます　建てたばかりの立派な家であっても　思い切って全部を壊してしまい　一刻も早く大木の根の上のコンクリを　取り除いて　きれい

たつ骨の理

さっぱり片付(かたづ)けて　整地(せいち)してから始(はじ)めに　立派に木霊祭りを行って　神様に重々(じゅうじゅう)お詫(わ)びして　前の挿絵(さしえ)にある通りに　建主(たてぬし)も家族も　建築関係者も大木の根に手をついて　木の霊(れい)に〝人間の都合に依り木を　切らせて戴きますが何卒　木霊受持の神様の元へ　此の木霊を引き寄せ給えと　謹(つつ)しみ畏(かしこ)みて申しあげます〟と神様にお願いしてから木の根に対しても　長い間世の為　人の為に尽されました事を　感謝致します　ありがとうございました　と本気になって誠の心で　人に言う如く声を出して　お礼を言う事　そうして木霊祭りが済んでから　地祭りを行って　悪い因縁や邪念(じゃねん)をお祓いに依って清めてから　家を建てれば良くなります　地祭りは前の時にも行(おこな)ったとしましても前の地祭りの様な　無責任(むせきにん)な地祭りをする様な者

は　神主でも神職でもありませんから　気を付けて下さい　とその婦人に教えてあげましたが　何しろ信仰心のない人達でありますから　あれ程に不思議な図面を画いて　適中していても不思議だと思う事も出来ず　事細かに判る様に話しても受け取れず　変な顔をして帰りましたが　その後の事でありますが　主人は亡くなってからは　伜は出て行って　交通事故で倒れて家族は　病死したり変死したりして　家も会社も潰れてしまいました　そして家は変な噂に依って　壊してしまいましたが　その大木の根は　年月がたって腐ってしまいましたが　その土地には　無信仰の人が出鱈目に暮して　財産を潰した断滅因縁が残っています　その様な訳でありますから　地所を買ったりして　家を建てる時は　必ず地祭りをする事が必

要であります　そして家が出来上ったら大祓いをして貰う事も必要であります　大木の祟りの事を話しましたが　尋(たず)ねて来た婦人は親の代からの無信心　無信仰でありますから　目の前で不思議な事を見せられても　感じない程人間的に馬鹿になっていますから　財産家(ざいさんか)の金持ちだと言っても人に教えて貰ってもお礼の金を　出す事を知らないケチでしたが　私は黙って帰しました　そんな者は二度と来なくても良いと思いました　その時に側にいました　真面目な信徒さん達の中で　その婦人が帰るとすぐに〝木霊祭りをしないで木を切り倒してしまいましたが　何うしたら良いでしょうか〟と言う人がいました〝それは何時ですか〟と聞きましたら　昨年の秋だと言いました　直径30cm位の木であった　と言いました　門のそばに

あって　大きくなって邪魔になって来ましたので
切ってしまいました　と言うのであります　その
後何も気にしてはいませんが　只今のお話しを聞
いて　気になりましたと言うのであります　私は
その人に言いました　出来ることなら今からでも
木霊祭りを行って　木の霊にお詫びとお礼を申し
あげた方が良い　若しかすると　主人が肩に重い
感じがして　肩がこるとか言い出しますから　と
言いましたら　もうその通りの事が起きました
と言いました　それから婦さんは　時々気が抜け
た様になり　気持が悪くなって油汗が出る様な事
が起きます　それは　木の祟りから来ますがね
と言いますと　婦さんは　もうその通りだと言い
ました　それでは木を切って根は　残してあります
すね　と言いますと〝ハイ残してあります　申し

訳がありません　根は掘りづらいのでそのまゝです　何うしたら良いでしょうか″と言いますので　それでは　あなたの家の都合が良ければ　明日にでも　木霊祭りに行かせますが何うですか　と言うと″お願い致しますが　何を用意すれば良いか教えて下さい″と言うので　一神会で全部用意して持って行きますから　安心して待っています様に　と言って置きました　翌日　男の先生が行って　木霊祭りと家の大祓いを行って来ました　それから一週間位過ぎて　夫婦で一神会にお礼参拝に来ましたが　笑顔になって″本当に躰が軽くなって　サッパリしました　ありがとうございました″と感謝していました　常日頃信仰して神理の勉強をしている人は助かりましたが　無信心の家の婦人は　目の前で不思議な事を見せられても判

らず　豪華な家を建てた程の金持のくせに　とぼけた振りをして　一銭のお供えもしないで帰る程の礼儀知らずのケチでありましたから　言われた事も実行せず　大木の根はそのま丶でありますから大木の祟りと　たつ骨の理受持の神様に嫌われてしまい　家も会社も潰れてしまい　土地は人手に渡ってしまいました　信仰心のない人は哀れです

毎月木を受持の神様に供物して祈願する
樵　木挽　植木職の事

　たつ骨の理受持の神様が造られた植物を　粗末にすると祟りがあります　前の実例の如く大木を切り倒して　根も掘り出さないで　その上にコンクリをして　家を建てました人が不幸続きで　遂に家も会社も潰れてしまった　と言うのでありま

すが　実はそれだけではありませんでした　その時に大木を切り倒した人と　大木の根を掘らずに家を建てた建築屋も　事故や病(やまい)で倒れて不幸な人になってしまいました　木の祟りは恐ろしい事です　それでは　樵(きこり)　木挽(こびき)　植木職の人達は何うなるかと言う事を　大事な事でありますから　人助けの為にも参考になりますから　確り勉強して下さい

◆樵(きこり)と言いますと　山の木を何(な)んでも切る人と思われますが　それは違います　何の木でも片(かた)っ端(ぱし)から　切り倒すのは　伐採屋(ばっさいや)と言います　樵と言うのは　木を切る仕事をしますが　その木と言うのは　材木にする目的で植えた木で　自然の森林とは違い　植えた木の山を植林と言います　その様な山を　杣山(そまやま)と言います　杣山(そまやま)の木を枝打(えだうち)をして育てたり　材木にする為に切ったりする職業の

人を　杣人（そまびと）と言います　此の人を　樵（きこり）と言うのであります　木を切る時は必ず杣山（そまやま）の神様木の受持の神様に　お供え物をしてお酒も供えて　切られます木の霊を　霊界へ導き給えと神様にお願い致します　木を切らない時でも　月に一度は必ず杣山の神様木の神様に　供え物をして祈願祭を行います　親代々の樵は信仰心のある人であります　信仰心の無い様な人や　無神論者の様な者には怪我（けが）をするか災（わざわ）いにあって　とても務（つと）まりません

◆木挽（こびき）と言いますと　樵（きこり）と間違（まちが）えている人がいます　木挽（こびき）は　樵（きこり）が切り出した木材を　大きな鋸（のこぎり）でひいて　板や角材にする職人の事であります　近頃では殆ど製材所で　加工するので木挽（こびき）はいなくなりました　今から60年以上も前でありましたが　友人の家で御殿（ごてん）の様な建築を始めました時に

行って見ましたら　直径1m以上もある様な大きな欅(けやき)を　二人掛りで大きな鋸(のこぎり)で厚さ五cm位の板に製材していましたが　その木挽(こびき)さんが仕事を始める時や　一休みする時に　必ず大きな欅(けやき)に向って合掌をして　何やら唱えていた事が印象に残りました　樵(きこり)や木挽(こびき)になる人は　信仰心がありました

◆植木職と言いますと　馬鹿にする人が随分いますが　改めないと大変な事になります　植木職と一言(ひとこと)で言いますが　本格的に植木職になりますと少しばかりの土地を　持っていても出来ません植木にする前の木を　山木(やまき)と言って生(は)えっぱなしの木で　根は張(ほう)り放題(だい)で　枝も伸び放題(ほうだい)でありますから　移植しても枯れない様に　或る程度の根を残して　根も枝も切り取ります　此の事を根まわしと言います　そして一年以上過ぎてから植溜(うえだめ)へ

移植します　植溜と言う所は　山木を庭木に仕立る場所であります　木に依って時期が良い時は山木のま、植溜に移植します　そして移植しても枯れない様に　根を作り　枝を作って庭木にします　此の職人を　仕立師　と言い　山木や庭木を移植出来る様に　根のまわりを掘って荒縄で巻あげて　土の落ちない様にする職人を　地掘師　と言います　山木を植溜に植えた木を　植木と言います　仕立師に依って出来た木を　植溜から掘りあげて　植木売場へ移します　売場の主人を植木屋と言います　そして色々な植木を集めて　庭を造る職人を　造園士と言います　そして庭に植えた木は　庭木と言います　庭にしても和風と洋風に依っては　植える木が少し違いますが　現代では和風と洋風の様式を　程良く取り混ぜた庭園を

造る様になりました　その様な庭園を和洋折衷と言います　それは現代の建築が和洋折衷が多くなったので　それに合わせて和洋折衷庭園に　造った事と思います　更に難しい庭になりますと茶庭　茶庭とも言う　茶庭を作る為には或る程度茶道を心得なければ造れません　茶屋は草葺きの小さな家で草庵と言って　四帖半を基本として造った家であって　数奇屋風の建物であります　出入口は躙り口と言って　幅約60cm　高さ約65cmの狭い入口なので　躙り上がるので　躙り口と言いますがその所には　昔　穀物を粉にする為に使った丸い石の臼で　挽き臼と言うのを　躙り口の下に置いて　履物を脱ぐ為の沓脱ぎ石となります　それから飛石を千鳥に敷いて　歌舞伎門まで来て主人石と　客人石と置いて　客人石から東屋と言う待ち

合い所まで飛石を敷きます　東屋と言うのは軒を四方に葺きおろした　寄せ棟造りで杉皮の屋根で竹を四つ目に組んで　杉皮を押えます　歌舞伎門にしても　東屋にしても　それは大工さんが造るのではなく　庭師が造りますから　建築の心得も無ければ　庭師　茶庭師にはなれません　一言で植木屋さんと言いましても　地所も家も技術も資

たつ骨の理

金も必要であります　そして植物に対する愛情と自然に対する感謝の心が必要であります　樹木等はその場に生えたら　その場に一生立ちきりであります　それを枯れない様に仕掛をして　面倒を見ながら他へ移植して　色々な仲間の木と仲良く助け合って　行ける様にしながら　庭を造ると言う事は　植物を受持のたつ骨の理の神様に　好か

れる事になります　木や草花を買って来たりして
花壇(かだん)を造ったり木を植えたりする事は良い事です

> 花や木を植えたり庭を造ったりする事は
> **神様方に好かれます**

　たつ骨の理受持の神様が植物を　造られたので
ありますから　木の根を切ったり　枝を切ったり
すると　神様に嫌われると思うでしょうが　無闇(むやみ)
矢鱈(やたら)に切ったりすれば　嫌われますが　移殖する
為とか　庭を造る為であれば　嫌われる事はあり
ません　色々な花が咲いているので　その中の何
本か切ったら　神様に嫌われると思うでしょうが
無闇矢鱈(むやみやたら)に切れば　神様に嫌われますが　生花(いけばな)に
するならば　嫌われる事はありません　神様は草
や木を造って　花を咲かせたり　実をつけたりし

たつ骨の理

て楽しまれていますが　人間にもその楽しみを
させてあげたいと思っていますが　美しい綺麗な
花が咲いても　知らん振りをして　振り向きもし
ないで　通り過ぎてしまう人間がいますが　その
様な人間は　忙しくて何の花が咲いていたのか知
らなかった　と言うとします　神様は全て御存知
でありますから　言い訳は全然通用致しません
美しい花があっても振り向きもしない　そんな人
間がいたら　人間にするのじゃなかった　と造り
主である神様は思います　次の世に生れ変る時は
人間ではなく　虫か鳥にする　そうしたら草や木
の有(あ)り難(がた)さが判るであろう　と言う訳であります
花や木を植える所が無いから　何(ど)う仕様(しょう)も無いと
言う人は　前生より花や木に愛情が無いので　花
や木を植える所の無い所に　住む運命となってし

まったのであって　その様な人は　例えば結婚を
して子供が出来ましても　子供を大事にしません
子供は嫌いだが　男性は好き　或は女性は好きと
言う色情のかたまりであります　此の事は嫌な事
と思わずに　確りと悟って下さい　そして悪かっ
たと気が付いた人は　改めて下さい　此れが教え
であります　草花に対する態度から色々な事が判っ
てしまいます　花の植える所も無い様な所に住
んでいても　花屋さんから　たった一輪の花でも
買って来て　小さな花瓶(かびん)に生けたとしても　或い
は観葉植物を　買って来て部屋の片隅に置いても
植物を造りました神様は　ジーッと御覧になって
いて　そのうちにもう少し広い所で暮せる様にし
て下さいます　植物を造った神様は　御自分の造っ
た物を　大事にしてくれる人間を　大事にして

たつ骨の理

くれます　此れで判って来た事と思います　そして　草花や木を植えて　お庭を造れる様になったとします　その様になった時　植木屋さんに庭を造ってもらったり　家族揃って花壇を造ると致します　そうすると　家庭　と言う位でありますから　庭を造りながら　花壇を造りながら　家庭は益々良くなって来ます　神様が造った庭園は　海があり島があり陸地も山もあり　森林もあり色々な生き物もいる　膨大な自然の庭園でありますから　人間が旅行や冒険や観賞をする事を　造り主の神様方は　嬉しく思う訳でありますが　折角人間にしても　神様が造った自然の庭を見て　美しいでもなく　素晴らしいでもなく　何の反応も無く生きている人間がいれば　造り主としては　そんな者は　人間にしなければ良かったと思います

ところが色々な木や石を運んで来て　狭いながらも楽しい庭を造ったり　お休みの時などはお花を買って来て　家族揃って花壇を造ったり　庭木や盆栽に　肥料や水を撒いたりして　大事にしている家族を　神様方は　天から御覧になったりして

たつ骨の理

人間が造る庭園は　何の様に出来るか人間と共に楽しまれて　たつ骨の受持の神様から褒美(ほうび)として家が代々立ち続く様に　立身出世をする様に　と御守護を沢山戴く事になります　それは　たつ骨の理受持の神様だけではなく　他の神様方からも

沢山の褒美(ほうび)を戴いて　仕合(しあ)わせな家庭となります

花も実もある　たつ骨の理受持の神様方
固い骨と柔らかい骨

　人間の骨を守護している神様が　植物を守護していますので　植物を粗末にすると　骨に影響(えいきょう)があると言う事は　前に言いました如く相対性神理であります　盆栽や庭木等の肥料に　骨粉を与えると言う事は　筋道の通った事でありますので理詰であると言います　たつ骨の理と言いますと　固い話しになりますが　骨には固い骨と柔(やわ)らかい　軟骨(なんこつ)があります様に　たつ骨の理の神様は固いばかりではなく　美しい花の気持も知っているし　美味(お)しいリンゴの気持も知っていますから花を咲かせる　実を稔(みの)らせる　優しくて情け深い

たつ骨の理

神様であります　その様な訳でありますから　人間は　花を見ましたら　美しいとか　綺麗だとか言ったり　果物を食べたら　おいしかったとかごちそう様でしたと言う事は　神様に対するお礼の言葉でありますから　申し上げる事が礼儀であります　もっと深く悟りますと　神様方はお花の事に致しましても　何程綺麗なお花でも　何時迄も咲き続けていれば飽きられてしまうので　梅が咲いたら　次に桃の花　そして　桜の花と言う様に　次から次へ飽きさせない様に　お花を咲か

せて楽しませてくれます　人間の躰(からだ)を考えて見ますと　固い骨と柔(やわ)らかい骨と両方あって　仲良く組(くみ)合(あ)っています　然し骨と言いますと　固い物と思われます　人間の骨は約二百個位ありますが　骨のまわりに肉付されて　固い骨は見えない様にして　柔(やわ)らかい肌が表面になっていますのは　固い確(しっか)りした　志(こころざし)を立(た)てましても　固い事ばかり言わないで　人間の付き合いは柔(やわ)らかく肌ざわり良く通る様に　と身を以て教えて下

境内の　つつじと話す　参拝者

たつ骨の理

さっているのであって　神理の勉強ばかりしているから　真面目のこちこちの石頭で　頑固で付き合いも出来ない　と言うのは間違いであります　神理の勉強をしていれば　たつ骨の理と言う様に固い話と思っても　骨でも固い骨と柔(やわ)らかい骨がある　と言う事や植物を造った神様でありますから　その植物を見たら判る如く　木の幹は固くとも　風に揺(ゆ)れます枝葉もあれば　優(やさ)しい綺麗な花も咲かせたり　美味(おい)しい果物(くだもの)を稔(みの)

小手毬と
久留米つつじが　手を結び

らせたりして　楽しませてくれます　固い骨と柔らかい骨　固い木の幹と　柔らかい優しい花や果物そして人間は固い確りした　志(こころざし)は中にして　付き合いは柔らかく肌ざわり良く　片寄らない様にする様にと　身を以て　自然を以て教えているのでありますが　偉(えら)そうに固い事ばかり言って　付き合いづらい人がいますが　その人は蟹(かに)の様に　表面(ひょうめん)は固い甲羅(こうら)で覆(おお)っていても　中身は柔らかい肉であって　繰り返して言います

日がさして　喜んだのは　大バラさく

平成元年
S.Asami

と 固い事ばかり言って 真面目そうに見えるけれど その様な人は蟹(かに)の様な人で 固い骨が上で中身は柔(やわ)らかい身であって 固い決意 決心等は持っていないで 人に見つかると横に隠(かく)れてしまう人であります 本当は神理の勉強を知らない人であります その様な真面目振って 偉い振って 固い事ばかり言う人はケチで要領のいい人で 裏の見えない所では 何をしているか判らない人ですから充分に気を付けて下さい

ひよどりで
イゼンガズラ
ゆれにけり

それから 綺麗な花にはトゲがある と教えてくれた人がいましたが それは綺麗な女性がいたらトゲがあるから気を付けなさい と言う事だそうですが それではトゲの無い人は 綺麗では無い事になりますので その事はバラの花だけにした方が良いかな と思っています 気を付けて下さいたつ骨の理受持の神様方は 固い骨と柔らかい骨と 組み合せて人間を造られた如く植物にしても固い幹や 風に揺れる枝葉や 柔らかい優しい感じの花を咲かせたり 美味(おい)しい果実を付けた

紫陽花(あぢさゐ)が 息をついたる小ぬか雨

たつ骨の理

り　空気清浄化(くうきせいじょうか)をして　世の為人の為に役に立っていますが　人間は自分の為　自分の家の為と言う様に　自分本位の者が増えました　世の為人の為役に立たない人間では　植物以下の生物(いきもの)と言う事になります　それは現代の人間世界を　見れば判ります如く　現在の人間教育が間違っていたから　その結果として　自己主義　自分本位　と言う人間が出来てしまったのであって家庭教育　学校教育　社会教育　そして宗教教育者の無責任な人達の為に　親不孝な恩知らずの人間が増え

山ゆりが　参拝者に匂いかけ

てしまったのでありますから　皆反省しお詫(わ)びを
して　改めるべきであります　植物でさえも世の
為人の為に　役に立っていますのに　世の為人の
為に役に立たない人間は　植物以下であります
それは　教育の目的を知らぬ者達が　教育者になっ
ていたからであります　それでは教育の目的を
次に書き記しますから　確りと悟って下さい

教　育　の　目　的

◆　世の為人の為に　役に立つ人を造ること
◆　人生に希望を　持たせること

以上が教育の目的であって　人生で一番大事なの
は　家庭教育であって　その先生は親であります
そして　教科書は大自然であります　学校の教科
書は変っても　大自然の神理は変りません　教育
する立場にある　親や　教育者が　神理の勉強を

しない様では　立派な人間は出来ません　第二次世界大戦後の日本の教育を　受けて育った者達が30才40才となって　国を背負って立つ年代になった時　何をしたか　然も大学と言う最高の教育を受けた者達が　人間として行(おこな)って　良い事か悪い事か判らない様な人間となって　殺人団体の幹部となり　世間を騒(さわ)がしたりしても　彼等を教育した教育者と言う者達は　彼は成績優秀であったと言うだけで　自分達の教育が間違っていた　と言う教師はいなかったではありませんか　物質教育は優秀でも　精心教育が出来ていないから　成績優秀で無智な者が出来てしまったのであります
その様な人間を　知識馬鹿　と言うのであります
子供の時から殺人団体の幹部になろうと　思った者はいない筈であります　それは家庭教育の親達

そして学校教育の教師達　社会教育の責任者達　宗教家達の責任であり　そして　教育の元締めである　文部大臣の責任であります　それが終戦後50年たった　平成の時代になって　結果となり証拠となって現れたのでありますから　終戦後の教員組合や団体　そして宗教を利用して金儲けをした団体が　責任を自覚して反省し改めれば良いのに　反省するどころではないので　予言を致します　此の世の中は神様が造ったのでありますから　悪い事は栄えません　日本の国民を馬鹿にして　乗っ取ろうとする者達は　神様の審判(さばき)に依って　必ず亡びる事になります　本当に神様が造った世の中でありますから　悪の栄えた事はない　善い事はなかなか知れ渡らないが　悪い事はすぐに　世間に知れ渡ります　悪事千里を行くと言う

たつ骨の理

さて家庭教育の先生は親でありますから　親は教える為に　勉強をしなければなりません　教える為の勉強をしないでいる事は　無責任でありますそれでは何を教科書として　勉強をするかと言うと　大自然を教科書と致します　大自然は神理で出来ていますから　神理の勉強をしなければなりません　大自然を教科書として勉強をして　悟りますと　死んで再び人間に生れ変った時に　満で15才になった頃から　前生大自然を教科書にして習った神理が　大自然を見ると甦って来ます　それは　大自然の教科書は　何時の世でも変りがないから　大自然と言う教科書を見ると習った事はよみがえって来るのであります　満で15才位になって大自然を見ても　何も甦って来ないと言うのは　前生は神理の勉強をしていない証拠であります

大自然を教科書として　神理の勉強をすると言う
事は　不思議な記録を教科書にして　勉強をする
のと同じ様な事であります　不思議な記録は　此
の世の中と人間を造った　神様のお働きである
神理を以て解き分けた本でありますから　此の世
の中である大自然を　教科書にして勉強している
ので　大自然の事や人間の事が　相対的に判って
来るのであります　特に十の神理の中の一つで
たつ骨の理となりますと　固い難しい話になりが
ちでありますので　神様が自然を通して　植物を
通して　教えてくれました如く　固い骨と柔らか
い骨の組合せから　固い骨が木の幹で　柔らかい
骨は　風に揺れ動く枝葉と言う様に悟って　人間
は固い骨が中で　外は肌ざわり良く通れる様にと
自然を通して悟り　その上花も実もあります如く

たつ骨の理

血も涙も　義理も人情もある　強くて優しい人になって　世の為人の為に役に立つ様にと　神様は自然を通して　植物を通して教えて下さっているのであります　その様な訳で固い神理の話しばかりではなく　下手な絵でありますが　今迄に色紙に画いた絵や　下手な俳句を承知の上で掲載致しました　どうぞ頭休めの為に　参考として御覧下さい　不思議な記録第14巻は　たつ骨の理の特集でありますから　此の神様が造った植物を　今よりもっと理解して戴き　たつ骨の理受持の神様に好かれて　花も実もある美しい人生になれます様にと思って　絵や俳句を掲載して　固い難しい神理の本を　柔らか味のある本にして見ました　どうぞ御理解の上　一緒に楽しんで　後書まで付き合って下さい　まだまだ絵も俳句もありますけれど

73

その中に一つ位は　傑作が出来ます様にと　思っています　どうぞ頭休めと思って楽しんで下さい　今例えて言いますが　あなた様が朝顔の花を造った　神様であると致します　花が一色では飽きられるので　色々な色の花を造って　咲かせたと致しますが　人間は誰も見てくれないとします　それどころか　ひっこ抜かれて捨られたとしたら　造り主のあなた様は　何う思いますか　そんな者は人間にしなければ良かったと

朝顔が　釣師と見たり　今朝の人

たつ骨の理

思うでしょう　そうかと思うと此の朝顔は　何時(いつ)見ても萎(しお)れている　と言う人がいましたら　何と言いますか　朝寝坊の怠(なま)け者め　と言いたくなるでしょう　丁度それと反対の人がいました　暗い夜中の頃に　お月様が植物達に夜露を置いて行きました　夜明け頃朝顔は　花を開く準備(じゅんび)の時に足音がしますので　見れば竿袋(さおぶくろ)を担(かつ)いだ人が通りながら　朝顔に〝お早よう〟と声をかけて行くので〝此の人は釣師だな〟と思った朝顔も　竹竿を持っていても　付いて行かずに見送っていました

◆　朝顔が　釣師と見たり　今朝(けさ)の人　宗星

釣りと言えば若い頃に茨城県の大竹海岸に　海の家と言う別荘(べっそう)を持っていた頃でした　釣仲間の人が　明日(あす)は来ると言う電話があったので　翌日(よくじつ)の朝早くから　海岸へ行って待っていましたが　中(なか)

75

中来ませんでした　朝から待っていて昼になっても来ませんでした　そして　やがて夕方に近い頃でした "今日は行けなくなりました" と言う連絡がありました　待ちくたびれて小高い土手に上って　砂防林の松林の中の道を歩いていると　薄黄色の花を咲かせて一緒に待っていた宵待草…月見草の間を　歩きながら一句出来ました
まちぼうけ　つゆの鹿島の　月見草
右の挿絵は此の本の為に　思い出して画いたものです

まちぼうけ つゆの鹿島の月見草

たつ骨の理

たつ骨の理受持の神様と言いますと　固い難（むずか）しい神様と思われますが　固い幹や風に揺れる枝葉の如く　固い骨と柔（やわ）らかい骨の理を以て　御守護をされているのが此の神様で　その上優しい綺麗な花や　美味（おい）しい果物まで造って　下さいます事は慈悲（じひ）深い　情け深い神様であります　たつ骨の理受持の神様は　決して怖い神様ではありませんたつ骨の理の神様でありましても人間が腹をたてて怒る事は　大嫌（きら）いの神様であります　幾度（いくたび）も繰り返して言いますが　たつ骨の理受持の神様方はお花や果物を造った　優しい情け深い神様方であります　此の事を何うしても教えたいので　花の挿絵も俳句も書きました　その度にこんなに素晴らしい世の中を造る時に　何も手伝わないのに人間にして貰い　本当にありがたいと思いました

たつ骨の理から骨組骨格等を解き分ける
相対性神理

　前のところで　相対性神理　の事を記しました如く　此の世の中も人間も同じ神様が造られたと言う訳でありますから　世の中と人間は　相通じる様になっています　不思議な記録第11巻では種の理　畑の理を以て因縁自覚の方法を　解き分けました　第12巻では　出す理（引力押力出力）であって　引力は出す理の一部であって　出す理受持の神様が知恵学問の神様である事を　解き分けて教育編としました　第13巻では　えんの理を以て延延（えんえん）と続く理として　円運動の理を解き分け

相対性神理

ました　そして第14巻は　たつ骨の理であります
十の神理の中　種の理　畑の理　出す理　えんの
理で　十の理の中四つの理まで解き分けました
そして　たつ骨の理が五つ目になりましたので
難(むずか)しい相対性神理を　解き分けるのに都合が良く
なって来ました　難しい神理でありましても　判
り易く解き分けをしますから　安心して勉強をし
て下さい　たつ骨の理受持の神様と言いますと
固(かた)くて厳(きび)しい怖(こわ)い神様と思われますので　花の挿
絵や俳句を載(の)せて　優しい情け深い神様方であり
ます事を　判って戴く様に努力をしました　此の
様にして　難(むずか)しい相対性神理を　楽しく判り易く
解き分け致しますので　確り勉強して　人助けの
出来る様になって下さい　その為には順序の理と
して　不思議な記録を始めより勉強をして下さい

79

幾度も繰り返して言います如く　此の世の中を造りましたる神様と　人間を造りましたる神様方は同じ神様方でありますから　同じ神理で出来ているのであります　此の事が相対性神理の基本であります　不思議な記録第11巻は　種の理　畑の理の巻でありました　播かぬ種は生えぬ　と言う事は植物だけではなく　世の中全部に通じる神理であります　人間の躰(からだ)であれば　男性が種の理であり　女性が畑の理となります　躰(からだ)ではない事では男女に差別なく　思う事や行いが種となり　世の中が畑となります　善い事を思ったり行(おこな)った人は世の中に善い種を播いた事になりますから　必ず善い事が身の廻りに現れ　躰にも善い事が現れます　此の事を逆(ぎゃく)に言いますと　運が悪い躰が悪いと言う事は　思う事や行いが悪いので　悪い種を

世の中と言う畑に播いて来た証拠であります　此の事が判れば　他(ひと)が悪いとか世の中が悪いと言う様な　迷った事は言いません　悪いのは悪い種を畑に播いた人であります　此れから言います事は気に触(さわ)る様な事を言いますが　助け心で言いますので　悟れますと助かるばかりでなく　人助けの出来る様な人になれます　それでは始める事にします　昔から十人十色と言います如く　好きな人や嫌いな人は　それこそ十人十色でありますから同じではありませんが　友達がいない　仲間がいないと言う人が随分います　その様な人は他(ひと)に嫌われている人だ　と言いますと怒ります　だから嫌われるのだ　と言う事が判らない哀れな人間であります　人を嫌うのは簡単です　人に好かれるのは容易(ようい)ではありません　自分の思う事や行いが

世の中に映し出されているのと　世の中に対して行った事が種を播いた事になり　運命や躰に現れて来るのであります　世の中と人間は同じ神様が同じ神理で造ったので　相通じています　これが相対性神理と言う事であります　次は不思議な記録第12巻の　出す理　の巻であります　出す理と言う働きは　出力＋引力＋押力＝出す理　と言う
　　　　　　　しゅつりょく　いんりょく　おうりょく
訳であって　出力　引力　押力と言っても姿形が無くとも　実在する神理であって　その中の一つである引力を　目に見えないが実在である事を発見したイギリスの科学者ニュートンは　尊敬する威大なる人格者であります　然し引力と言うのは　出力　引力　押力　が一体と成った力の固ま
　　　　　　　　　　　　　　　　　　　　　ちから　かた
りを　出す理と言って　その中の一つの力でありますから　引力だけ独立した存在ではありません

相対性神理

世の中と人間は　同じ神様が同じ神理で　造られたのでありますから　人間で調べて見る事に致します　出力　引力　押力と言いますと　別々の力と思ってしまいますが　此の三つの力が一体に成って　出す理と言うのであって　出す理の何の部分が引力で　何の部分が押力である　と言う事はありませんし　三つの力が渾然一体となって　人間に備えられ　守護されているのでありますから　時に応じて　出す理が押力になり　引力になり　出力になる様に　自由自在で不思議な神理であります　そして此の　出す理受持の神様が知恵と学問教育を受持っていますので　学問教育の神様と言うのであります　人間が学問の神様や宗教で教祖様にならなくとも　間に合っているのであって　人間が学問の神様になったり　教祖様になっ

たりする事は　神様を馬鹿にした行為となります
扨それでは又　相対性神理を以て解き分けします
出す理は世の中では　出す力　引く力　押す力と
なって働き続けています　そして人間にも出す力
引く力　押す力となって守護されていますから
他人(ひとびと)を世に出してあげる　引き上げてあげる　押
し出してあげる　お金でも物でも　出すべき物は
気持良く出し　時間が来て引き下(さが)る時を　引際(ひきぎわ)と
言って気持良くお礼を言って　引き上げたり引き
下(さ)がったりして　他人(ひとびと)を馬鹿にしたり　へこまし
たりしないで　押し上げる様にする　事業や商売
には　元(もと)を出す　精(せい)を出して働く　と言う様にし
て　出す理受持の神様の理に適った事をしますと
人間の運命や躰に良い事が現れて来ます　子供が
いれば　知恵は出てくるし　勉強は好きになる

相対性神理

と言う様に世の中に対して　出す理に適った事をしていれば　運命も躰も良くなってくる　と言う事は世の中と人間を造った神様は　同じ神様であって　同じ神理で造ったので　相対性神理が働いている訳であります　次は不思議な記録第13巻のえんの理であります　世の中が　延延(えんえん)と続くのは円運動の神理であり　その為には縁繋(えんつな)ぎの神理があります　そして人間の躰では　皮肌(かわはだ)の守護や縁繋ぎの為に　男の道具　女の道具の守護をされている事が　記されている訳であります　そこで又繰り返して言いますと　世の中と人間を造られた神様方は　同じ神様方であって　同じ神理で造られたのでありますから　相対性神理が働いている訳であります　世の中に対して不足でいますとその人の運命や躰は　不足な事が現れて来ます

世の中に対して善事(ぜんじ)を行い　感謝し満足でいればその人の運命も躰も良くなり　満足で通れます悪い事をして　嘘をついて　うまく通り抜け様としても　その人の運命や躰には　世の中に対して行った悪い事が　反射(はんしゃ)して絶対に悪い事になって現れて来ます　神様が造った世界でありますから悪の栄える事は絶対にありません　此の様な訳でありますから　世の為人の為に尽したか尽して無いか　施したり　他人(ひとびと)の世話をしたか　しないか皆判ってしまいます　時々偉そうな人が来て　大きな事を言っている人がいます　何処の神社へ何千万円　何処のお寺へ何千万円寄附をしようと思っているけれど　何うしたら良いか　と言うのであります　そこで次の様に言ってやりました〝大きな事を言うならば　大きなお供えでも寄附でも

してから言いなさい　此処へ来て百円か千円位の
お供えをして　そんな大きな事を言っていると
円縁繋ぎ受持の神様に嫌われて　会社も家庭も皆
バラバラになってしまうよ〟と　言うと〝今日は
金を持って来なかったから　千円しかお供え出
来なかった〟と言うのであります　そこで気を付
けなければなりません　必ず帰る時に〝帰りの電
車賃まで賽銭箱に入れてしまったので　交通費に
一万円ばかり貸して下さい〟と言いましたら　そ
の様な者を宗教ゴロと言います　大きい事を言っ
て安心させて　帰り際に交通費を貸してくれ　と
言うのが随分いました　そんな時は〝此の宗教ゴ
ロの大嘘つきめ　サッサと出て行け〟と先生方が
怒鳴って追い返しましたが　此の頃は来なくなりま
した　宗教ゴロと言うのは常習者の事であります

幾度も繰り返して言う事は　相対性神理を確（しっか）りと勉強して　世の中の構造（こうぞう）を悟り　人助けの出来る人に成って戴く為であります　不思議な記録第14巻たつ骨の理迄来ましたら　助けて下さいと言う人から　助けてあげたいと言う人に成って下さい

神の言葉
助け心が親心で神心

　十の神理や相対性神理と言うのは　本当に人助けの為に宗教家に成って起ち上がる人に　教え授かる事であって　助かりたいと言う人には　授かりません　それから宗教家であっても　金儲（かねもう）けの為の人や　食って行く為の人には　授かりません　神の言葉に　助け心が親心で神心　とあります如く　信徒さん達は助かりたい心でも良いけれども

相対性神理

宗教法人の団体の中で　先生と呼ばれる立場の人が　助かりたい心であれば　その人は本当は先生ではありません　宗教団体の先生と言えば　助け心の固（かた）まりでなければなりません　助け心と言うのが　親心であり神様の心と　同じであると言う訳であります　神様が助かりたいとか　助かったと言う事はありません　助けたい　助けてあげたいと言う心だけしかありません　此の助け心だけしかない神様の心を　助け一条（いちじょう）の神様と申しあげます　そうなりますと人間が助け心になった時は神様の心と同じ様になった事になります　それはテレビでも同じ電波（でんぱ）になると　映像（えいぞう）が現れる如く神様の助け一条の波長（はちょう）と　人間の助け心の波長が合った時に　不思議な助けが現れるのであります此の事も又　神様と人間に相対性神理が働いたの

であります　十の神理や相対性神理と言う難しい神理が悟れてこそ　難しい事情問題や身情問題の原因が判るので　助ける方法が判るのであります　宗教家として一生を注ぎ込む以上　人助けの固まりと成る事であります　助け心が　親心で　神心と神の言葉にあります如く　本当に助け心の固まりに成ると　親心になり神心になって　神様から十の神理と相対性神理が授かります　此れが神道では　十字の印が授かって法印様となり神通力を行います　仏道では　卍字の印が授かって法印様となり法力を行います　助け心の固まりと成った宗教家に十字の印　卍字の印が授かるのであって此れが宗教家として　神様より認可された印しであって　宗教法人の認可は　人間世界の法的秩序の事であります　此の様な訳で宗教家は　助け心

相対性神理

の固まりとなり　十の神理と相対性神理を一生懸命勉強して悟って下さい　そうしないと今此の様に　不思議な記録として　次々に発表していますので　宗教を求めるより　神理を求める人達が集(あつ)まって　不思議な記録を教科書として　勉強会を開いています　もう御存知の如く一時は盛んに言われた守護霊の事などは"守護霊はいない"とふしぎな記録第三巻で発表しましたら　色々な人達から反対されましたが　そんな迷っている人達は　守護霊はいないのを　いると言って　見えない霊を見えると言って　他人(ひとびと)に嘘(うそ)をついて　結局自分にも嘘をついている事が　やがて判る様になりますから　相手にしないで　気を付けていなさいと　言っておきましたら　守護霊で金儲けをしていた騒(さわ)ぎは　御存知の通り立消えになりました

然し　神様の実在を知らない悪い人達が　水子の霊とか先祖霊の祟りとか　次々と考え出して善良な人々を　騙していますから　騙されている人を助ける為に　一生懸命に神理の勉強をして下さい

助けて貰いたい人から助けてあげたい人に
たつ骨の理と相対性神理

　神理の勉強も此処まで来れば　お判りの如く始めの頃の不思議な記録の本とは違って　難しい事を判り易く　楽しく勉強出来る様に　気を使って努力している事に　気付いた事と思います　何しろ十の神理と相対性神理を　勉強すると言う事は例えば学校教育でありますと　教えて貰う立場は生徒であって　教えてあげる立場は先生であります　生徒と先生では立場が違います　先生になり

ますには　人々の手本となり　模範(もはん)となりますので　師範学校と言って　先生になる為の学校へ入って　世の為人の為に役立つ人間を造り　人生に希望を持たせる　と言う教育を受けて　学校の先生になったのであります　先生になるには　教える事を勉強したのであります　宗教家にしましても同じであります　助けて貰いたい　助かりたいと言う立場は　信徒さんの立場であって　困っている人や　悩(なや)んでいる人や　騙(だま)されている人達を見ていられず　良い所や助かる所へ　お手引きする人を　先達(せんだつ)さんと言います　そして更に進んで人助けの為に　神理の勉強をしたり修行をして先生となります　その時の神理の勉強の事でありますが　同じ所で　同じ教科書で勉強をしても先生に成る人と　信徒さんの儘(まま)の人がいますが

それは　同じ様に見えましても　勉強し修行をする心掛けが違います　人助けの為に勉強をする人と　助かりたい為に勉強している人では　学校で例えますと　教えて貰う生徒さんと　教えてあげる為に勉強をした先生と　言う事になりますので始めの心掛け　心構え　心定めが大切であります此の様な訳で　十の神理と相対性神理を勉強する事は　本当は助けて貰いたい人の勉強ではなく助けてあげたいと言う　先生になる為の勉強であります　現在自由宗教一神会では　毎日神理の勉強をしたり　日時を決めて講習を行ったり　毎年一月から四月の間に　神様に対する礼儀作法の祭式や　神様の力(ちから)を戴(いただ)いて行う祓いの修行を　会員信徒さんの時から修行していますから　大祓いや地祭り等の時でも　正々堂々(せいせいどうどう)と先生達と共に

相対性神理

神様の御用を務めています　古代は　神様方が人間の姿をされて現れて　人間に色々教育されました　その時の神様方を　人格神と申し上げますそして神様方は　人間に教える為に　神様でありながら　元一之神様(もとはじめのかみさま)を祭って　神様に対する礼儀作法を行って教えてくれました　此の事を祭式と言います　そして祓い清めの事も教えて戴きましたので　神様と共に祭式を行い　神様と共に祓いの事を行って　神様のお役に立つ人間になりました　やがて　神様方はお姿を隠(かく)され　隠(かく)り身(み)となって実在していますので　神様から教えて戴いた通りに　一か月を三つに分けて　十日十日の初めの一の日に　縁日祭りを行(おこな)え　と言う通りに一か月を　三つに分けて　一日　十一日　二十一日の三回お祭りを行ったのが　古代の一神宮であり

ます　そして現在では自由宗教一神会本部に於て十日十日の一の日に　祭典を行っています　祭式や祓いにしても古代の一神宮時代の神事を現代の人間に判る様に　悟れる様にと神様が天啓文書を以て

一神宮所蔵　天啓文書　より

教えて下さいましたる如くに　<ruby>行<rt>おこな</rt></ruby>っていますので自由宗教一神会と言うのは　古代神道一神宮の現代名であると言うのであります　その様な訳でありますから　人間が始めた宗教ではありませんので　教えて下さいましたる　八百万之神様方　を教祖様方と申し上げるのであります　人間は教え

相対性神理

て貰わなければ　判らないのでありますから　人間が教祖様となっていますのは　自惚れ慢心をしている人である　と言う事になる訳であります
神様方が神様を　お祭りして人間に教えて下さいましたる　古代神道一神宮は　天上(てんじょう)より始まりましたる一神宮でありますが　現代の一神宮は　下から人間の立場を通して　始まりましたる一神宮でありますが　現代の人間世界は秩序を保つ為に憲法(けんぽう)や法律(ほうりつ)を以て治める　法治(ほうち)国家でありますから　宗教法人の認可を戴かねばなりません　そこで　一神宮と名乗って認可して下さい　とは私には何うしても出来ません　古代より神様が始めましたる一神宮を　認可して下さい　許可して下さいと人間に頼む事は　神様の実在を知らぬ行為(こうい)となり　神様を粗末(そまつ)にし　侮辱(ぶじょく)した事になります

全ての宗教の元である一神宮を　認可して下さいと言う事は　私には出来ない事でありますが　法治国家である以上　宗教法人の認可をして貰われねば　潜りと言われてしまいます　それは　神様の実在を悟っている為に　神様と人間の板挟みを通りました時に　古代神道一神宮の現代名として自由宗教一神会　として認可して戴く事になりました　それは今より約40年以上前の事でありましたが　千葉県庁宗務課に　神理の勉強をした人格者がいました　山口様と言われましたが〝古代神道一神宮の事を　自由宗教一神会と言って　気を使って届けに来ましたが　全宗教の元始めの神様でありますから　認可する所ではありませんが現在は法治国家でありますから　認可は必要でありますので　認可するのではなく　認可させて戴

きます"と筋道通った言葉を戴きました　本当に山口様も私も　神様を立てきって　宗教法人になりましたが　太古の昔　神様が人間に教える為に神様でありながら　人間の姿をされて　教えられましたので　神ながらの道と言います　そうして神理の教えと　神様に対する礼儀作法の祭式と祓いの神事を修行として教育されました　その教育の場所は　神様方の御所である　一神宮でありました　一神宮と言えば　あまりにも古い時代の名称でありますのと　現在の神社神道の行き方と　間違える人がいると思って　古代神道一神宮の事を　自由宗教一神会と現代名にしたのであります　古代の一神宮は　現代の神社神道とは違います　古代の一神宮では　神理の教えがありましたので　教義神道であります　自由宗教一神会は

教義神道でありますので　間違えないで下さい
此の様に深い悟りがあって　神様の思惑(おもわく)に導かれて出現したのが　一神会でありますから不思議な成り立ちを　記すことに致します　先ず第一は前に記しました如く　一か月を三つに分けて　十日十日の一の日に縁日祭りを行え　と言う事であります　その事を次に表にして記します
◆一日　　　つきはじめ　たつ　一日第一御縁日
◆十一日　　なかはじめ　まろ　一日第二御縁日
◆二十一日　すえはじめ　こもり一日第三御縁日
上の表の所で　たつ　まろ　こもり　とありますが　それは古代の呼び名であります　現在でも月の始めは〝ついたち〟と言いますが　月立(つきたつ)であります　次は中始めの　まろ　でありますが此の十日の間に　十五日があります　十五夜の月は真(ま)ん丸(まる)

であります　此の事は不思議な記録第13巻に　詳しく記してありますので　もう一度御覧下さいその様な訳で真ん丸になる月でありますのでまろの月と言います　例えば　たつ三日と言いますと始めの三日であり　まろ三日と言いますと十三日と言う事になります　次は末始めの　こもりでありますが　古代の人は神様の御恩を　身に沁みていましたので　毎月すえ始めの時になると　神様の所へ行って　修行をしたり　神様の御用を手伝わせて戴いたり致しました　此の事を　お籠りと言います　そして　すえはじめの事は　現在では月末と言って残っています　その様な訳でこもり三日と言いますと　二十三日と言う事になります此の様に古代では　月を立てた　日を立てたと言います　それは　たつ骨の理受持の神様方が　此

の世は常に立ち続く様に　御守護されていますので　人間は神様に感謝し奉るのが当然であります

たつ骨の理と相対性神理で判断する
骨組と骨格　人間と建物

人間の骨は約二百個位あって　固い骨と軟(やわ)らかい骨と組合(くみあ)って　骨格が出来ますが　骨格には外(そと)骨格と内(うち)骨格の二種類あって　昆虫や甲殻類(こうかくるい)エビカニ　節足(せっそく)動物等は外骨格(そとこっかく)と言い　脊椎(せきつい)動物の様な物は内(うち)骨格と言います　骨組や骨格の事も或る程度は知らなければ　本当の人助けは出来ません　もう少し勉強も進みますと又　不思議な人助けの実話に入りますから　骨組や骨格の勉強が必要である事が判ります　それでは確り頑張って下さい　骨と言いますと　固い骨と軟らかい骨があって

更に色々な形をした大小の骨があります　それが
皆持場(もちば)があって　連結し接続していますが　筋肉
と言うのがありますが　字の通りでありますと
肉であると思われますが　骨を動かす筋の集まり
で肉の様な骨でありますので　筋骨　と言います
そうしますと　硬骨(こうこつ)　軟骨(なんこつ)　筋骨(きんこつ)　と三つになり
ました　筋骨の事を忘れないで下さい　扨その様
な訳でありますが　人間の姿を見ても骨は見え
ませんが　色々な形をした大小の骨が　皆持場があっ
て　連結し接続して　組合っていますが此れを
骨組と言います　そして骨組が出来て格好が出来
ますと〝骨格〟と言います　骨がバラバラの時は
骨格とは言いません　大小色々な骨が組合わせら
れ　組立てられた時を骨組と言い　骨組が出来て
形が出来た時に　骨格と言うのであります　次に

人間の骨格の挿絵を画きましたので　気持悪く思わないで　よく見て下さい　人助けの為に必要な事でありますので　此の挿絵がある事を覚(おぼ)えておきます様にお願い致します　本当に人助けに立ちますには　色色な勉強をして　知識博学になり

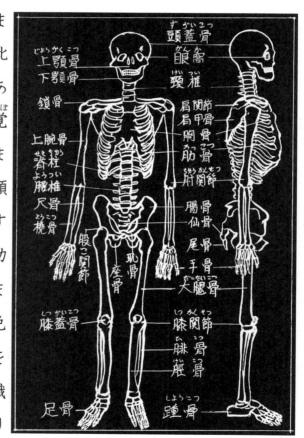

ます様に　努力しなければなりません　繰り返して言いますが　人間の姿を見ましても　骨格は見えませんが　たつ骨の理受持の神様方は　皮肌や肉で見えない所でも　硬骨　軟骨　筋骨　を以て大小色々な骨を組合わせて　骨組をして骨格を造って下さったのであります　そして立ったり坐(すわ)ったり　曲げたり　伸ばしたり　自由に動ける様に御守護して下さっています　本当にありがたいと思いますが　人間には出来ない此の事を　知らない人を　神様の恩を知らない恩知らずと言いますそんな事を言われない様に　神理の勉強をして下さい　人間の躰の中には　実に不思議な骨格が出来ているのであります　その様な訳で骨の何処が悪いとか　例えば怪我をして何処の骨を痛めたとか　その様な時に　医者ならば怪我をしたから

或は何かで痛めたから　病気だから　事故だから
と言って　治療をしてくれますが　宗教家である
ならば　何うして怪我をしたり　骨が折れたりし
たのか　或は何うして脊椎カリエスになったのか
と言う事を　医者とは違います事は　レントゲン
では写らない因縁事情を割り出して　たつ骨の理
と相対性神理を以て　不思議な判断を致しますが
その実例を　実話を以て解き分ける事に致します

実話　断滅因縁になつても判らない人達
脊椎カリエスの青年

此の話は証人もいる実話でありますが　氏名や
町名等は仮名であります事を　了承の程願います
　六月になると入梅になって　毎日毎日小糠雨が
降り続きました　庭木や紫陽花等は喜んでいても

相対性神理

外仕事の職人さん等（など）は　喜（よろこ）ぶどころではありません　その年も七月になっても降り続いていました　梅雨（つゆ）だから仕方がない　と外仕事の職人さん達は諦（あきら）めていましたが　親戚の瓦屋さんが近くまで来たから　と言って寄りました　梅雨（つゆ）が上がったら早速仕事に掛（かか）る現場を　見に来たと言いました　それから　一週間位で梅雨（つゆ）も上がって　やっと日が照りましたが　もう七月でありますから晴れると　暑くて汗が滲（にじ）み出る位になりました　親戚の瓦屋の親子が　今日から仕事を始める　と言って寄りました　伜の益雄さんは　私より二つ年上でありましたが　親孝行で良い青年でありますが何となく弱そうな　何処か具合が悪いのか元気がありませんでした　それでも地下足袋（ちかたび）を履（は）いて腹掛（はらがけ）をして　職人の姿をして親と一緒に行きまし

107

た　現場が近所でありましたので　お昼の弁当の時のお茶を持って行きましたら　今の時代と違って　その頃は重い瓦を担いで梯子を上って　屋根に置いて来る　と言う重労働でありましたが　梯子を下りて来た益さん（益雄さんのこと）は汗を拭きながら　何となく辛そうな顔をして〝どうもありがとう〟と言うので〝益さん何処か具合が悪いのか〟と私が聞くと〝意気地がねェと言われるけれどョ背中が痛んで　腹まで変なんだョ　でも仕方がねェのさ〟と言うと空箱に腰を掛けてフーッと

溜息をついている様子では　余程具合が悪いなと思いましたので〝医者に診て貰いなョ〟と言うと〝これじゃ仕事にならねェから　医者へ行くけれどョ　本当は医者なんかに行きたくねェョ〟と言うので〝そんな事を言わないで　医者に診て貰いなョ〟と言っている所へ　益さんの親が下りて来て〝何の話しだい〟と言うので〝益さんは医者に診て貰った方が良い〟と言うと〝やっぱり　そう思うかィ〟と言いました　それから　その日の夕方仕事の帰りに家へ寄って　一休みして帰るのを見送った私の母親が〝益さんは余程具合が悪い様だネ〟と言いましたので〝医者に診て貰う様に言ってあげたから　行くだろう〟と言いましたが　翌日は親方と益さんの弟が仕事に来ました　益さんは医者に診て貰う気になった事と　思いました

それから一週間位は　親方と益さんの弟と二人で来ていましたが仕事が終わったのか来なくなりました　そして暑かった夏も残暑を置いて行きました　やがて十五夜さんが過ぎると　虫達が淋しくなったのか　鳴き騒ぐ様になりました　光陰矢の如くと言う如く　月日のたつのが早く感じました
　第二次世界大戦で　北支で負傷して背骨を打撲し　両肺と悪性マラリヤに罹って　死線を越えてやっとの事で病院船氷川丸で　傷痍軍人となって帰って来た私は　復員報告の為に　江戸川区役所へ行きましたら〝あなたは誰ですか〟と言うので〝私は浅見の長男です〟と言うと〝浅見さんの長男は沖縄で戦死しています〟と言うので　沖縄へは行っていないと言っても〝解らない人ですねェあなたは　沖縄で戦死したのですよ〟と言うので

相対性神理

やっぱり自分は戦死しているのかな　それを生きていると思っているのかな　と幾度も想いました　その様な訳で今此処に　生きているのは幽霊ならば　それでもいい　徹底的に親孝行を為尽(しつく)そうと決心して　親に心配をさせたくないので　傷痍の身や恩給書類を隠して　親の仕事を手伝っていました　背骨は痛んだり変(へん)な咳はするし熱は38度位時々出て来る躰(からだ)でその日は千葉県下総(しもふさ)の方にある植木畑の掃除に行きました　そして夜の帰り道　土手の下から　お月様を見ましたら　花盛りの萩の合(あい)

今日も又　寒さに急ぐ　萩の月

間を　私の自転車と共に　急いで走っていました
その時に出来た俳句が　今日も又　寒さに急ぐ
萩の月　でありました　十月も半ば過ぎると躰に
患いのある者は　寒さが骨身に染みてくるのです

人は薄情　世は無情

　夏の暑い盛りでも冬の外套を着て　仕事をして
いる私の姿を見た　知り合いの岡戸病院の院長さ
んが　体温計を出して〝さあ計るのだ〟と言いま
したので仕方なく　本当に計って見ましたら39度
もありましたから　院長先生が〝君は変な咳をす
るし　顔色も悪いし何処か相当に悪い筈だ〟と言
いましたから〝風邪を　引いただけですよ〟と言
って　軽く笑いながらお礼を言って　立ち去りま
したら　院長先生は父親に何か言っていました

相対性神理

それ程躰の具合の悪い私でしたから　今日も又寒さに急ぐ　萩の月　の俳句が出来た頃に　瓦屋の益さんは何うしたかな　寒くなって来たから辛いだろうと　思っていましたら　その近くへ用事があったので　寄る事にしました　その日は11月の始めだと言うのに　北風が強く吹く寒い日でありました　日が短くなって夜になってしまいました　益さんの家は通り端で　店の様な事務所の様な造りでありますが　片隅の方を仕切って靴の修

理屋になった　益さんが電気の笠の下で　靴屋の
格好（かっこう）をして　修理をしていましたが〝今晩は〟と
言ってガラス戸を開けると　北向きの店であるか
ら　ヒューッと冷い風が一緒に入って来ました
靴の修理屋になったのは　益さんの親戚で靴屋さ
んがいました　時々その靴屋さんへ行って　手伝っ
たりしていたので　一寸した修理位は　出来
る様になったのでした　私が行っても手を休めず
に　仕事をしながら話した事を　次に記します
　夏の暑い盛りに近所の屋根仕事に来た時に　私
が〝益さん医者に診てもらえョ〟と言いました
それから明日（あくるひ）近所の医者に診てもらうと　疲れが
背中に来たのだと言って　湿布薬をペタペタ貼（は）っ
てくれたが　痛みは取れないので　治療師の所へ
も行ったが　一向に良くならないので　ブラブラ

相対性神理

している自分じゃないから　親戚の靴屋へ行って二か月位手伝いながら　習って来て　瓦屋の店の片隅で　靴の修理致しますの看板を出したら　近所の人や　友達が仕事を呉(く)れたので　有難いと思ってコツコツ仕事をしていたけれど　愈々(いよ)商売となると大変な事で　何日までに頼みます　明日中にお願いします　と言う様な訳で　重たい瓦を担いで梯子(はしご)を上(のぼ)るよりか　坐(すわ)ってコツコツ仕事をしている方が楽(らく)だろうと　思ったのが大間違いで背骨が痛い　腰が痛いと言っても　明日までとか何日までと言われたら　責任があるから痛くても辛(つら)くても休めない　お客さんの注文に合わせる為に　無理に無理を重(かさ)ねてしまいますが　益さんの躰が悪くとも　誰も同情も理解もしてくれません靴屋が躰が悪ければ　お客さんは丈夫な靴屋へ行っ

てしまいます　人は　他を理解したり　弱き者に情けをかける人は　少なくなってしまいました　不思議な事に　躰の弱い人や　不自由な人達には重い辛い仕事が待っているのが　人の世であって丈夫な人の方が　楽な仕事をしている位ですから人は薄情　世は無情　こんな事は言いたくないけれど　その気持は　益さんばかりじゃないと思う

脊椎カリエスと言われた益さん

　第二次世界大戦で敗けた日本は　惨めな哀れな国となりましたが　それでも五年も過ぎると何とか治まって来ましたが　戦争で家は空襲や疎開で破壊された所へ　敗戦に依って外地から帰って来た人達で　住宅難が続きましたから　家を建てる人達はいて　益さんの親の瓦屋の方は　忙しくて

相対性神理

人手の足りない時に 躰が悪いので靴の修理屋を始めましたが その頃は 新しい靴を買う人より古い靴を修理して履く人の方が 多い時でしたから 靴の修理の方も忙しくて ありがたい訳であるのに 無理に無理を重ねて 遂に益さんは倒れてしまい 靴の店は幕を張って 休業の看板は出していても 事実上は閉店であり潰れてしまいました そして友達の世話で 大学病院へ行って診てもらう事になりました 色々と検査をした結果 脊椎カリエス と言われた益さんは 親孝行でありますから 親に正直に病名を言っても良いか 一人で迷い続けていました 靴の修理屋は無理だし 親の瓦屋は忙しくても手伝えないし ブラブラしていても背骨は痛むし 親や家族に気を遣って 食事するにも気が引けてしまい めっきりと

痩せた所に　不精髭を生やしているから　尚更病人らしい姿になって　相談事の為に　私の所へ来ました　その日は朝から灰色の雲が覆い被さって今にも雪が降って来そうな　寒い日でありました　益さんは　脊椎カリエス　だと言う事を　親に言ってしまうか　何うしようか　と言う事を相談に来ただけではなく　もう一つの訳がありました

先祖霊の祟りだと言われた

　脊椎カリエスである事を　親に言ったら心配するだろうと思って　何うしようかと相談に来た益さんは　私より二つ年上の三十二才でありますが前から躰が弱くて　年中患っている位でありますから　結婚はしていませんでした　私が傷痍の躰である事は　親戚に知れていましたので　同じく

相対性神理

背骨を患う者同志であり　その頃はまだ宗教家には成っていなかったけれど　益さんの母親は　私の幼い頃から　不思議な人間である事を知っていて　何となく怖(こわ)がっていました　それでいて難しい事は聞きに来ました　益さんが　私のところへ行ってくる　と言うので"それじゃ一つ聞いてくる様に"と言って益さんに次の様な事を言いました　益さんの母親や私の母親は明治の終り頃の人間で　家の中がゴタゴタ事情が起きたり　病人が出たりすると　同じ年代位の　人達が集まっては何処の占い者は当ったとか　あの拝み屋は駄目だが　今度は何々宗の大先生だ　と言う状態であって　善良な人達でありました　益さんの母親はその何々宗の大先生のところへ行って　益さんの病の事をきくと　先祖霊の祟(たた)りだと言って　祈禱(きとう)

料を沢山取られたが　益さんは少しも良くならないので　何う言う訳なのか聞いてくる様に　と言う訳であります　それなら大先生に聞けばよいのに　何か訳の判らない様な事になると　私に聞きに来るのでありました　益さんは〝俺は先祖霊に祟(たた)られる様な事はしていない〟と言いました　私もそう思いました　躰が弱いので人々に気を使って　真(ま)っ正直に通って来たのに　先祖霊の祟(たた)りと言うけれど　本当なのか　と言う事でありました　幾度も言いますが　その時はまだ私は宗教家には成っていなかったが　神理の勉強と修行はしていましたから　宗教家　拝み屋　霊能者達が知らない事を　知っている振りをして　嘘をついて善良な人を騙しているので　残念に思って　益さんに先祖霊の祟(たた)りと言う事は　絶対に無いと言う事を

話してあげました　その事を次に記しておきます

先祖霊の祟りは絶対に無い

　例えば島田と言う人が死んで　霊界へ行ったら島田家の先祖になると思うのは　間違いであります　島田と言う人は　生れ変って島田ではない家に　生れたので氏名は変りました　次に村井と言う人が死んで　霊界へ行ったら　村井家の先祖になると思うのは　間違いであります　村井と言う人は　生れ変って村井ではない家に　生れたので氏名は変りました　人間は全部同じ家で生れ変りは致しません　必ず色々別々な所へ生れ変ります　女の人は嫁入りすると　苗字が変ります　その様な訳でありますから　島田と言う人が死んで霊界へ行っても　やがて他へ生れ変って　行ってしま

いますから　島田家の先祖霊になりません　それは島田家に縁のあった御霊様(みたまさま)であります　次に又村井と言う人も同じで　死んで霊界へ行っても村井家の先祖霊(せんぞれい)にはなりません　それは村井家に縁のあった御霊様(みたまさま)と言う事になります　本当の意味の先祖霊と言いますのは　島田家や　村井家の先祖霊と言うのはいません　先祖霊と言いますのは　人間世界にいる時に　一生懸命神理の勉強をして　片寄らない　寛大なる心の人格者になって神様に選ばれて　先祖霊になるのでありますから人間を恨んだり　祟ったりする必要のない立場でありますから　先祖霊の祟りと言う事は絶対に無いのであります　此の様な事を知らない宗教家や霊能者達が沢山いますから　立派な神社仏閣があって　偉(えら)そうな神職や僧侶がいても決して　油断は

できません　騙されない様に　気をつけて下さい
以上の様な事を話して　益さんの母親には正直に
脊椎カリエスの事を話して　入院が出来るならば
早く入院して　医者の言う事を守った方が良い
そして確り養生をして　再び達者になってくれと
励(はげ)ます様にして別れましたが　その後入院したり
帰ったりしていると聞きましたが　或る日の朝の
事でした　カラスが西の方の木に止まって　情け
無い声で　何回も鳴いていました　ハッと気が付
いて"益さんが危い"と小声で言いながらカラス
の方を見た瞬(しゅん)間(かん)　カラスは飛んで行った　私は合
掌してカラスにもお礼を言った　神様はカラスを
使って　益さんの死を教えてくれました　私は急
いで　益さんの家へ行くと　家族の人達が私を見
て驚いていましたが　急いで益さんの側へ行って

顔の布を取ると　何となく笑っている様な顔でしたが　"益さん随分辛かったろう　さようなら"それが最後の別れの言葉になりましたが　益さんは何故　脊椎カリエスになったのか　益さんの死後でも　脊椎カリエスの人達を助けたい為に　その家族を調査しているうちに　共通点を見つけました　それは正然とした神理であって　神様に導かれて　その神理の中の一つ　たつ骨の理　を悟りましたので　此の神理を解き分けて　脊椎カリエスや　骨の患いの人達を　助ける事になりました

たつ骨の理を 実例実話を以て 解き分けます
何故 脊椎カリエスになったのか

人助けに立っていると　色々な病の人が来ます　病人ならば医者に任せればよい　と言う訳に

行かない事があります　例えば骨まで写るレントゲンでも　因縁は写りません　その様な訳でありますから　医者の物理的診察治療は必要でありますが　何故　脊椎カリエスになったのか　と言う事を　精心的診察治療も必要であります　それは宗教家の仕事でありますが　人助けの出来る医者になるのと　人助けの出来る宗教家になるにはそれ相当の勉強と修行と努力が必要であって　誰でも成れる事ではありません　では先に進みます
脊椎カリエス　と言うのは　脊椎が結核菌に侵され　背柱が変形を起したり　結核菌に破壊されて膿が溜ったり　下方に流れて股のあたりより膿が出て　打痛　圧痛　神経痛を感じ　運動麻痺となる様な恐しい病で　ありますが　何うしてそんな恐しい病になってしまったのか　此れより神理の

物差を以て　計り出して解き分けを　致します
脊椎(せきつい)と言うのは　普通背骨(せぼね)と言っている所であって　三十二個〜三十四個の脊椎(せきつい)が　柱(はしら)の様な形を造っているので　脊柱(せきちゅう)と言います　その脊柱(せきちゅう)の中に白色の紐(ひも)の様な神経組織が　後脳(こうのう)から腰椎(ようつい)まで続いているのが　脊髄(せきずい)と言います　此れで脊椎(せきつい)と脊髄(せきずい)との違いが判った事と思います　脊椎(せきつい)と言う個々の骨は　三十二個〜三十四個あって　柱の様な形になっていますので　人体の柱　背中の柱と言う訳で　脊柱(せきちゅう)と言います　柱と言う事は中心になって　全体を支えている人や物であって　国の柱　会社の柱　家の柱　大黒柱と言う様に責任のある立場の人の事を言いますが　柱と言うのは主人のことであります　会社の柱であり主人と言うのは　社長であります　家の柱と言えば主人の

ことであります　その様な訳で会社の主人や家の主人と言う立場は　柱でありますから　柱は真っ直ぐで　素性の良い家柄血筋であるならば　脊柱は真っ直ぐで　丈夫である訳でありますが　会社の柱　一家の柱となる者が　筋道の立たない様な曲った事をしていますと　背筋が次第に曲って来ます　それを　脊椎変形と言います　その曲り方に依って　何の様な事をして来たのか　神理の物差で計り出して　判ってしまいます　此処までの事を　判り易くする為に　整理する事にします　背骨と言うのは　個々の脊椎骨が三十二個〜三十四個あって　柱の様に成っていますので　脊柱と言います　その脊柱の中を　後脳から腰椎の所まで　白き紐の様な神経組織が通っています　此れが　脊髄と言います　人体の中心にある脊椎は

家で言うと柱でありますから　人体の柱と言う訳で　脊柱と言います　一般的には背骨とか背筋と言います　その様な訳で背骨が悪いとか　背中が痛いとか言うのは　背筋と言う所でありますから筋の通らない　曲った行いをした事が種となります　背柱は脊椎と言う個々の骨が　上から下へ並んで柱の様に成っているので　脊柱と言いますが柱と言う事は　建築で言いますと　右の図の様に柱だけが立っている訳には行きません　土台や梁間柱や貫　筋交い等があって　柱を支えていますまた　考え様によっては

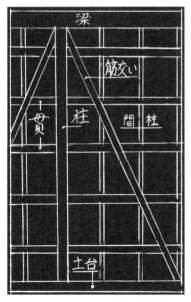

128

相対性神理

柱があるから 間柱(まばしら) 貫(ぬき) 筋交(すじか)い 土台 梁 等が側(そば)にいられるのであります 此れを助け合いと言います 会社の柱 家の柱 と言う立場である者は 廻りの者達を 引き連れて 安心して暮せる様にする 責任者であって 尊敬される人格者であるのは当然です ところが 会社の柱 家の柱と言う立場の者が 自惚慢心(うぬぼれまんしん)して偉い振っていると 廻りで支えていた者が悪くなったり 嫌ったりして 会社や家の屋台骨が ガタ付いて来ます そして潰(つぶ)れてしまいます それでも気が付かないと 背骨を患う者が出て 家は断滅因縁となります 背骨にしても幾つもの骨が 上から下へ続いている如く 会社でも 家でも 責任のある者が続いて 柱の如くなりますので 無責任な者が現れて 筋道通らぬ事をすると大変であります

129

脊椎と脊髄と脊柱と判った所で　次に入ります

脊椎カリエスになった訳

　背骨の事で色々と書き記しましたが　人助けに立つには　せめて此れ位は勉強をしなければなりません　此れだけの予備知識があれば　此れからの事は理解して戴けると思います　前に記しましたる　脊椎カリエスになった　益さんの事を調べましたら　益さんの母親と言う人は　若い時には相当の美人でありましたので　或る立派な家柄の総本家の若様に　器量望(きりょうのぞ)みで嫁入りしましたので誰が見ても仕合わせだと思われました　然し何程美人であっても　大家(たいけ)へ行く以上　お料理は出来ません　裁縫はあまり出来ません　起居進退(たちいふるまい)と言って礼儀作法の心得(こころえ)がなくては　気が引けて勤(つと)ま

りません　それは世間を知らない為に　行儀見習いと言う事も知らない　花嫁修行と言う事も知らない家庭で　育ったのでありますから　何程美人であっても　器量良しであっても　身分相応の所へ行けば良いのに　大家へ行ったら　玉の輿に乗ったと思うであろうが　世間はそんな甘い物じゃありません　美人であるから若様には好かれましても　何も出来ないで　子供ばかり出来たのでは姑様にも　小姑さんにも　嫌われて家にはいられません　それが大家であり　総本家であれば付き合いも一般家庭とは違いますから　とても器量良しの美人だけでは　治まりません　その様な訳で益さんの母親は　島田と言う大家へ嫁に行ったが居られず　女の子二人と男の子一人　計三人を置いて　里へ帰ったきり戻らないので　やがて離婚

沙汰となってしまいました　やがて島田家の若様は　礼儀作法も付き合いも出来る人と結婚をしましたが　残された三人の子供達は　新しい母親に大事にされても　可愛がられても心がねじくれて前の母親を恋しくて　家を出て行こうとします
子供を置いて出て来た母親は　里にいれば出戻りと言われて　家にもいられず　ついふらふらと置いて来た子供に会いたくて　様子見に近所まで行ってしまう　そんな事をしているうちに　年はとっても器量良しであるから　或る人の世話で結婚する事になったが　相手は瓦屋さんでありました
出戻り女であるから仕方がないと　一緒になった所は前の島田家より二里位先でありました　そんな訳で置いて来た　三人の子供の様子が判るのがせめてものなぐさめでした　そして瓦屋の本端（もとはし）の

子が出来ました その子が本端益雄でありました
それから二年過ぎた時 大正十二年九月一日午前
十一時五十八分 相模湾を震源として大地震があ
りました その頃は一府六県と言って 東京府 千
葉県 神奈川県 埼玉県 群馬県 栃木県 茨城県
に大災害がありました 死者 行方不明者十四万人
負傷者六万人 全壊破壊焼失五十八万に及びまし
た 関東大震災と言います 瓦屋の益さんの家は
平屋建であって 幸いに大した被害がなかったが
大地震の後の余震の続く中を東京の空は火災の為
に紅々燃え上っている危険な中を 生命(いのち)からがら
抜け出して来た避難民(ひなんみん)がゾロゾロと 益さんの家
の前の通りを 疲(つか)れ果てた様に歩いている人達の
中から 汚れた顔の若い女性が二人 益さんの家
の前に立止って 奥をのぞく様にしていますと

たすきがけ　前掛姿の女の人が息急き切って来た人と　バッタリ会った　〝お母さん……〟〝お前達無事であったか…〟と母娘三人店の中へ入ると姉の方は着物で足袋はだし　妹の方は洋服で草履で何ちらも　汗と土と煙で汚れていても　持って生れた美人であるだけに　尚更哀れを感じる姿でありました　親子別れてから初めて会ったのでありました　母の方は子供達は島田家にいて　年頃になったので　嫁に行ったかと思ったりしていました　娘達は後のお母さんに　子供が出来た頃から何となく　気が引けて家に居られず　或る日の事姉妹そろって家を出て　母を尋ねて母の里の方へ行ったりして　母の消息を知って瓦屋の店先に立った事もありましたが　人の世の難しさが判って来た姉妹は　母の幸せを祈る様に　東京へ出て

相対性神理

姉は或るお店の店員となり　妹は或る喫茶店へ勤めたのが縁で　社交ダンスの先生に見込まれて先生の助手になったと言う　お嬢様育ちでありますが　人の世の運命に泣きながら　結婚適齢期になっても　結婚も出来ずにいる姉妹でありました関東の大地震で里の島田家へは行かずに　姉妹を置いて行った母でも　親は親　会いたくて来て見れば　母は瓦屋の職人の妻となり　その時は男の子一人いて　苗字も島田ではなく本端となっていて　その日は　幾度かある余震に怯えながらも母と娘と　本端の主人と語り明かしましたが　瓦屋と言っても　八帖と六帖と店が土間で八帖位で一緒に暮すには　難しいけれど　何だ彼だと言いながら　主人は瓦屋の職人と言っても　おとなしい　良い人であったので　半月も過ぎた頃姉妹は

此れ以上いては　迷惑をかけると思って　うわべは笑って　心で泣いて〝一寸仕事場を見て来る〟と言って　母親の両手を姉妹が確りと握ってから大震災で焼け野が原となった　東京へ向って出て行きました　母親は口もきけぬ程　悲しくなっていました　自分がもっと確りしていれば　あの娘達に　こんな辛い悲しい想いをさせないで済んだものを　と思って子供の益雄を抱えて泣きましたそれから姉妹は品川や　横浜と転々と移っては時々母親の所へ手紙を送っていました　さて此れからが問題であります　島田家を飛び出した姉妹の間に市朗と言う長男がいましたが　やはり後の母親とはうまく行かずに　或る日家を出たっきり何処へ行ったか　行方知れずとなりました　そして大正時代も終り　昭和の時代になりましたが

相対性神理

世の中の雲行きは変って　大不景気時代が迫って来ました　昭和五年頃の世界的大不景気の時代に姉妹と長男の三人は　貧乏の中を一生懸命生きていました　その頃私の母親が　小岩町の通りで姉のおヨシさんとバッタリ会った事が　きっかけでその後の三人の事が大体判りました　おヨシさんは弟の市朗さんと二人で　私の家の親戚の所の一間を借りて住んでいました　何しろ三十才に近い姉と弟が二人で住んでいるので　世間では夫婦かと思われていました　その頃の私の家も貧乏の最中でありましたが　米の袋や野菜を　母と私と二人で持って　おヨシさんの所へ行きましたら市朗さんは木の箱の中に　ラジオの電機器具の様な物を入れて　私の所へ持って来て〝いゝかい此れからの世界は　ラジオの様に声だけではなくて

人間の顔や姿が現れてくるのだよ　芝居や　音楽会も家に居て　見物出来る様になるのだよ"と教えてくれました　私が九才頃でありました　今から考えると　昭和の始め頃にテレビの研究をしていた市朗さんでしたが　親戚身内の人達は"馬鹿な奴だよ　人間は死んだら箱の中へ入るのに　生きている中に　箱の中へ入って何かやるのだとよ　全く呆(あき)れた奴だよ　あれは頭がおかしいのだ"と誰も相手にしませんでしたが　その頃は私の家はラジオも買えない時代でしたから　市朗おじさんの言う事を信じて　せめてラジオ位作って見ようと思って　科学の本を買って来て色々と研究をしましたが　中々ラジオは出来ませんでした　その後市朗おじさんの所へ行きましたら　何処かへ行ってしまったと言って　それきり行方不明になり

相対性神理

ました　それからの日本は　軍国主義となり戦争へ戦争へと進んで　遂に世界大戦となり　広島と長崎へ落とされた　原子爆弾は残酷きわまりない事であって　如何なる理由も説明も通らない行為であって　人間の心があるならば　世の中に存在する物質であっても　使ってはならない物や　造ってはならない物があります　良い事か悪い事か判らなくなった者を　理性を失った者　と言います如何な理由があるにせよ　造ってはならない原子爆弾を造り　それを使用した事は　理性を失った人間であって　戦争に勝っても　人間として負けた事を悟るべきであります　敗戦後の日本の国は家の無い　親の無い　着る物も　食う物も無い哀(あわ)れな　惨(みじ)めな浮浪児(ふろうじ)や　浮浪者が　ゾロゾロとしていました　その頃　あの三人の姉妹弟(きょうだい)の事は

判りませんでしたが　瓦屋さんと一緒になった三人の母は　長男の益さんの他に　弟と妹が出来て三人になっていましたが　前に記しました如く長男の益さんは　背骨の痛さの為に親の手伝いをやめて　靴の修理屋を始めました頃でした　益さんの母親宛(あて)に一通の電報が届きました　発信地は北海道夕張炭鉱からでありました〝シマダイチローシス　イコツワタス〟と言う様な文面でありました　大家の長男として生れ　本来ならば御前様の様か　議員様にでもなれたのに　哀れ北海道の炭鉱の中で　息を引きとったのかと思うと　親として腹を痛めて生んだ子であれば　悲しさと哀れさが胸にこみあげて　電報を握って声を出して泣いてしまいました　昭和の始め頃にテレビを作ろうとして　気違い扱いをされた市朗さんは　誰も

相対性神理

身内のいない北海道の炭鉱で　結核で亡くなった
それから何年か過ぎて　姉さんが　世帯やつれを
した姿となって　私の母を尋ねて来ました　そし
て泣きながら　母に語っているのを聞いてしまい
ましたら　或る小学校の小使いさんをしていると
言っていました　それから妹のダンスの先生は何
うしたかと　思っていましたら立派な先生になっ
て　立派な家に住んでいるけれど　正式に結婚は
していないと　言っていました　その頃の姉妹の
年は五十才を過ぎている訳でした　それから暫く
して　益さんは脊椎カリエスで亡くなりました
他(ひと)の家の事を　長々と書き記しましたが　何うし
て脊椎カリエスになったのか　何うして結核(けっかく)になっ
たのか　此の様な難しい事を悟ればこそ　難し
い病の人や　難しい因縁の人を　助ける事が出来

141

るのであります　それでは解き分けに入ります

前の長男は結核　後の長男は脊椎カリエス
因縁の骨組を解き分ける

　昔から女は土台で　男は柱と言われていました　その様な訳で　お嫁に行きますには　行く先の家が潰れない様に　土台になって　主人と言う柱を立てて　立派に尽しきって　立派な主人にしたり　立派な家にしたりしますと　あのお婦さんは立派な人だと　言われる事になります　その為に女性は　何程器量(きりょう)が良くても　自惚れず　慢心せず　油断せず　お嫁に行ったら笑われない様に　すぐに役に立てる様にと　礼儀作法や料理や裁縫位は心得(こころえ)て置く必要があります　それには元が掛かりますし　努力をしなければなりません　人の世を

甘く見て　舐めてかゝると　不幸な人生になってしまいます　こんな事を言っては可哀相（かわいそう）でありますが　今迄書き記して来た　益さんの母親がその実例であります　美人であるので大家へ望（のぞ）まれて行っても　大家だの家柄のある家だのと言えば尚更の事　美人と言うだけでは　勤まりませんそれで子供が三人も出来たのに　子供を置いて出てしまいました　此の行いは　子供を捨てた理となり　捨子因縁となります　それから折角結婚をしても　その家の為にも主人の為にも　役に立たないと言う事は　土台の役にならず　主人と言う柱だけにして来たので　次のお嫁さんが土台を勤める間は　主人だけ柱だけにして来ましたので屋台骨をグラつかせた事になり　筋の通った行いではありませんから　背筋（せすじ）と言う所の骨である背

骨が悪くなる種を播いた事であって　それは柱で言いますと　上の方になります　前の主人の子と後の主人の子では　前の主人の子の方が年が上になりますから　背骨を柱と見て脊柱(せきちゅう)で言いますと上の方で　胸骨(きょうこつ)位に当りますから肺が悪くなります　その様な訳で　前の主人の三人の子で長男の市朗さんは　北海道夕張炭鉱で死にましたが結核でありました　そして後の主人の三人の子で長男の益さんは　脊椎カリエスで死にました　つまり脊椎結核(せきついけっかく)でありました　年上の長男は脊椎の上の方で胸骨の位置であり　年下の長男は脊椎の下の方で腰椎の位置であります　それは偶然(ぐうぜん)ではありません　必然(ひつぜん)であって　理詰(りづめ)と言うのであります此の様な事になるとは知らないで　嫁に行ったり子供を置いて出て来たり　また後の人と結婚して

子供が出来て　さて幸福に暮そうとしましても
そんな　生易(なまやさ)しい世の中ではありません　行いが
種となり　生えて運命　因縁となって残ります
先の長男は結核と言いました　後の長男は脊椎カ
リエスと言いました　何ちらも結核であります
結核と言うのは　結核菌に依る伝染病(でんせんびょう)であります
が　結核菌と言うのは　紫外線（眼に見えぬ光線
で紫色の外側にある波長の光線）には弱く　直射
日光に当ると八時間位で死滅する菌であります
そうしますと　結核の人は　結核菌に好かれてい
る人と言う事になります　肺結核の人は　陰気で
人を恨(うら)んだり　憎(にく)んだり　嫌(きら)ったりして　他(ひと)を理
解出来ない為に　常に争い心があって　心の摩擦(まさつ)
が微熱(びねつ)となりますので　結核菌の一番好む状態の
人となります　折角結婚をしても　うまく行かず

に子供を置いて別れたら　何の様な事になるのか知らなくとも　必ず因縁となって現れて来ます

知らぬ間に犯した罪

　心の摩擦は熱となり　争いとなる　争いは火となり　火は灰となる　肺病は家庭の中の摩擦から始まる　家庭と言うのは　屋根棟と言う胸の位置に当るので　胸の患いとなり肺結核となる　脊柱で言えば　胸骨に当り脊柱と言う柱で見れば　主人から次の長男に当ります　長男は跡継として生れた者でありますから　親の跡継をするのが当り前であって　長男であって親と暮さず　年老いたる親の世話も出来ない者は　肺病の因縁となる　親が長男を嫌って　次男か三男に跡継としたならば　筋道違うので　首筋背筋と言う筋肉筋骨を

患(わずら)って肺病因縁となり　順序の理を間違えた事は考え違いであり　気の間違いであり　気違い因縁となって　やがて　家は断滅因縁となってしまうその様な事は知らなかった　と言う事は手遅れであります　此の世の中には　正然とした法則があります　その中に　立つ骨の理と言う神理が存在していても　人間ならば何うしても知らなければならない事であります　何故かと言いますと　此の世の中は人間が造ったのではありません　人間は生れたら　世の中は出来ていたのでありますから　人間は自分勝手気まゝに生きては行けません夜朝昼晩　冬春夏秋　と大自然の法則に従って生きている様に　此の世の造り主である神様の掟(おきて)である　神理に従(したが)うのは当然な事であります　その為には神理の勉強をする事が　人間の義務であり

ます　神理の勉強をすれば　正邪善悪が判って来ますから　結婚をした者が　色々な事情があって別れたら　何うなるか　その時に子供を置いて来たら　何うなるか　と言う事が判って来ますからもう一度考え直すか　或は何うなるか判っていても　離婚して　子供を置いて来たとします　そうなれば　立つ骨の理と言う神理に適(かな)わぬ行いとして　男性も女性も腰の患(わずら)いとなり　子供を置いて出て行った方が　女性であれば　置いて来た子に肺病が現れ　次の人と結婚して子があれば　男子が背骨を患う事になります　それと反対に子供を置いて出て行った方が　男性であれば　置いて来た子に肺病が現れ　次の人と結婚して子があれば女子が背骨を患う事になります　その様な事は知らなかったと言っても　種は正直に生えて来ます

から　肺病になったり背骨の患(わずら)いになったりして現れて来ます　神理の勉強をして知っていても宗教家になっても　神様の掟(おきて)であり法則でありますから　同じ様に肺病も背骨の患いも現れて来ます　然し何も知らない者と　神理の勉強をした者は違う事は　何うして肺病因縁や背骨を患う様な断滅因縁になったのか　判っていますから　悪いところは改めて　神様にお詫びを致しますから汚い物は洗ってしまう様に　清められて助かりますが　神理の勉強をしない者は　此の世の掟も法則も知らない為に　自分の行いの悪さに気が付かずに　世を恨み人を嫌って　益々躰は悪くなってしまいます　此の世の中と人間は同じ神様が造ったのであって　たつ骨の理に適わぬ事を行うと相対性神理に依り　躰に現れてくるのであります

実話　親の行いが種となり子に現われてくる
重い病の十字架を背負った娘さん

　此れからお話します事は　実話であって親戚身内の人達が　証人となっていますが　仮名を以て記録する事に致しました　肺結核や脊椎カリエスの話と言うと　何うしても陰気臭くなりますが人助けの為でありますので　確り勉強して下さい秋も終りの頃になって　霜柱(しもばしら)の立つ頃になると躰の弱い人や　病身の人は　冬が近くに来た事を身にしみて感じます　紅葉(もみじ)とはよく書いた物です気候の変化に敏感で　寒さが来ると赤や黄色になりますが　中でも　大盃(さかずき)と言う紅葉(もみじ)の紅葉(こうよう)が一番だと思います　一年の終りを錦で飾って　楽しませて　お礼を言って散って行く紅葉を見ていると

相対性神理

若き女性が金襴緞子(きんらんどんす)の帯を締めて　踊りながら舞いながら　自然の中に消えて行く様にも見えました
それは紅葉ばかりではありません　人間の世でも若くして金襴緞子(きんらんどんす)の似合う(にあ)頃　美しく清(きよ)らかな心のま丶で　消えて行く運命の娘さんが　いました
境内の紅葉の葉が散り始めた頃でした　母親と娘の二人で　大鳥居の前で立ち止まって合掌して頭(こうべ)を下げてから参道を歩いてくる二人の姿を見ると　娘さんの方が躰が悪いな　と思いました
参拝を済まして

151

受付へ行くと　女の先生が相談相手になりましたが　何となく気がかりでありましたので　私の所へ親娘(おやこ)を呼んで来る様に言いました　娘さんは歩きながら　左手で腰のあたりを　押さえる様にして来ました　私の前に坐りますと　両手をついて丁寧に挨拶をしました　姿形(なり)は小さい方で　細面(ほそおもて)の顔で病む身の辛(つら)さで　助けを求(もと)めている眼を見ると　何となく哀れを感じました　それでは次にその親娘と　私の会話を　記す事に致します

私　あなたは背中が痛いのでしょう

娘　ハイ病院へ行きましたら　脊椎カリエス　と
　　言われました　と言って泣きそうな顔でした

親　会長様　此の娘(こ)は良い娘であるのに何うして
　　脊椎カリエスになったのでしょう　私が身替り
　　になりますから　娘を助けて下さい　と言いま

したがそれは信仰心のある親の誠の言葉でした

暫く　その親娘の姿を見ていた私は言いました

私　お母さん　あなたの主人は　あなたと結婚をする前に　誰かと結婚をしていませんか

親　私の前に結婚した事のある人です

私　そして子供を　置いて出て来た人でしょう

親　ハイ　何うしてお判りになったのですか

私　神様が　教えてくれましたよ

親　その事が此の娘のカリエスに　関係があるのですか

私　ありますよ　その事が種となって　肺病因縁となり　背骨を患う断滅因縁となります　その中の一つが　脊椎カリエス　です

親　その通りです　肺病で亡くなった子供もいます　そして今でも肺病の者もいます

私　そうですね　脊椎カリエス　と言うのは肺病
　と同じ様に　結核でありますよ
親　それでは　何うしたら良いのでしょうか
私　家族が皆　陽気になれば良いのですが　中々
　陽気になれる家族ではありませんね　それでも
　陽気になる様に努力しなければ　此の娘さんが
　可哀想ですよ　その為に確り信仰して下さい
　　か わいそう

押倒されて背骨がズレてしまった

　娘さんの名は　広子と言いました　小学校六年
生の時に　運動場で男子の生徒が両手で　広子さ
んの背中を　押倒しました　その時以来背中が痛
い　背中が痛いと言い続けていました　そして近
所の医者に診てもらっても判らず　それでも女学
校へ行く様になりましたが　背中が痛いので休み

相対性神理

が多くなりました　そして寝たり起きたりしていましたが　女学校へ行きたくなった広子さんは背骨が痛いので　やっとの事で　セーラー服を着ましたが　前に落とした小物入れを　拾おうとして腰を曲げ様とすると　背骨から腹の方まで痛むので背筋を立て、ソーッと足を曲げながら　手を伸ばして小物入れを拾おうとしても　中々拾えない

その姿を見ていた母親は娘が学校へ行きたいのは判るけれど　あの状態では無理だと思って"広子今日は学校へ行かないでね　今迄の病院と違う所へ行って見ようよ"と言

う優しい母の言葉に　頷(うなず)いた広子さんの心の中は早く治りたい　そして　お裁縫も　お料理も習いたいし　その頃流行(はやり)のギターもハーモニカも習いたいと思っていました　だから早く達者になりたいと思っていましたが　何しろ貧乏人の子沢山であって　広子さんは女では四番目で　妹が一人います　兄さんは肺病で亡くなりました　そんな訳で貧乏暮しで　女学校へ行くのもヤットの位でありますから　病院を替えて見ると言う事は　今の様に健康保険の無い時代でありましたから　考えてしまう位でありました　然し娘の哀れな姿を見ている母親は　少しも良くならない娘の躰(からだ)が心配で　医者を替えて見様(みよう)と決心したのでありましたそして早速ありったけのお金を集めて　親娘して出かけました　今迄の病院の前を通るのは悪いと思っ

て　他(ほか)の道を通って　或る病院へ入って行きました　その病院の先生は　今迄の病院の先生とは違って　本当に親切で〝さあ診てあげますからね　安心しなさいよ　しっかりするのですよ〟と励(はげ)まし言葉を使って診察してくれました　励(はげ)まし言葉と言うのは　神事では助け言葉と言います　広子さんは　何かホッとした様な気持で　診てもらいましたが　レントゲン写真もとりました　そうしましたら先生が言いました〝随分　辛かったでしょう　よく我慢(がまん)しましたね〟と言って注射をしてくれました　そして母親を先生の部屋に呼んで〝娘さんは脊椎カリエスですよ　でも私も頑張ってあげますから　諦(あきら)めずに通(かよ)って下さい　本当は入院すれば良いのですがね〟と言われましたが　母親は涙を浮かべて〝判りました　恥(は)ずかしい事

でございますが　本日のお代（だい）も払（はら）えるか何（ど）うかと言う様な次第でありますので　入院をさせてあげたいと思いますが　今の所（ところ）費（ひ）用（よう）の都合が付きません　情けない親で申訳ありません〟と言いますと〝娘さんが可哀想だ　これ以上は放（ほう）っては置けないから　お金は払（はら）える様になってからで良いから入院させなさい〟と言う情け深い先生がいました

広子さんは脊椎カリエスになっていた

昔から　医は仁術（じんじゅつ）なりと言う言葉があります医術は金もうけの為ではなく　人を救（すく）うためのものである　と言う訳であります　今は立派な病院はあっても　立派な医者は少なくなりました　幸（さいわ）いにして　広子さんは良いお医者様に会いましたそして入院して　更に詳（くわ）しく調べてもらいますと

広子さんの右の太股(ふともも)の所に　はれ物が出来ていて化膿(かのう)して膿(うみ)が出ていますので　母親は出来物(できもの)が化膿した物と思って　娘の化膿した物を取り除いたり　消毒したり　薬を付けたりしていましたが　此れは脊椎カリエスの化膿(かのう)が　太股(ふともも)から出て来たのでありました　そうすると広子さんは　殆(ほとん)ど毎日微熱が続いていた事と思います　長い間寝たり起きたりして　微熱が続いて化膿する程に　患(わずら)っている娘が哀れで　太股の化膿が脊椎カリエスに　関係があるとは知らずに　貧乏な家の母と娘が　薄暗い部屋の中で　手当をしたり　されたりして　励ましたり　励まされたりして　幾つになっても親子は　親子であって　寝返りする時に痛いという声を聞いては　神名を唱える母親であり静かに休んでいれば　まさか死んだのじゃないか

と思って"広子や　大丈夫かい"と声をかけるのが親の心でありますが　人の世は儚(はかな)くて　やがて皆別れて行く運命でも　親子でいた頃は懐(なつ)かしい　病める身の広子さんを　貧乏苦労をしながら心配しながら　神様や仏様にお願いしながら生きている　母親の姿を見ていると　それが人の親なのだと　しみじみと親の姿を想い出されて来ませんか

親の誠で奇跡的に助かつた

　脊椎カリエスと言う怖い病気になり　太股の所から膿(のう)が出る程であって　毎日微熱が続くと言うと　難病であって中々治りそうもありませんがお医者さんも昔気質(かたぎ)の良い先生であったし　母親は信仰心のある誠の人でありましたから　不思議な事が現れました　入院してから一か月位で微熱

は出なくなり　それから膿も次第に出なくなり　傷口も塞がってきました　長患いから治り始めて回復する時は　食欲が増すものであります　何年もの間躰の痛さに耐えて来た広子さんは　痩せ細って　見るも哀れな姿でありましたが　まだ年は若いから　良くなり始めると食欲が出て来て　それこそ見ている中に　肉が付いて来て　可愛らしい乙女になってきました　入院して三か月半位で退院する事になりました　脊椎カリエスで膿が出る程の重病であったので　もう危いと思っていた位でありましたが　前の病院の医者とは違って病院を替えてからの　お医者さんは本当に昔気質の　医は仁術なりの行き方の　立派な先生でありました　そして　母親は信仰心の厚い誠の人でありましたから　あれ程の重病の広子さんは　再び

元気になって来ました　親の誠で奇跡的に助かった広子さんは　退院はしましても　無理の出来ない躰(からだ)でありますから　もう女学校へは行かずにその頃父親が養鶏場(ようけいじょう)を持っていましたので　家の手伝いをしながら養生(ようじょう)をする事になりました　昔(むかし)は肺病だの　病人だのと言うと　卵は栄養があるからと言って　朝昼晩の食事に食べさせられます　卵の好きな人は良いけれど　私の様に生卵の嫌いな者がいますから　無理にすすめない方が良いと思います　広子さんの家は養鶏場でありますから　新しい良い卵を"生で食べなさい"と言われますが　焼けば食べられても　生は食べられないので目玉焼にしたり　オムレツを作ったりして　両親にも作ってあげたりして　親子楽しく暮している中に　病(や)み上(あ)がりの時は　本当はこんなに食べて

も良いのかしら　と思う程食欲があります　此の
様な事も知らないと　人助けは出来ませんので記
しておきます　広子さんも食欲があり過ぎる程で
食べたり　一寸手伝っては　部屋に入ってゴロリ
と横になる　その時にまだ時々背中が痛むので
気を付けて　寝たり起きたりしていますが　躰(からだ)は
フックラと太(ふと)りぎみになって　可愛(かわい)らしい娘(むすめ)盛り
になりましたので　親戚の男がだまっていなかった

仕方なくお嫁に行く事になりました

　広子さんの父親は新潟(にいがた)の生れで　東京へ出て来
たのでありますから　新潟には親戚が多い訳であ
りますが　その親戚の中の青年が　広子さんを見
て　惚れてしまいました　そして暇(ひま)を作っては
東京へ出て来て　広子さんの所へ寄って来て　"広

子さん一緒になろう　結婚しよう″と言うので広子さんは　嫌だ　嫌いだ　と言って逃げる様にしても　その青年は　広子さんに惚れて　惚れぬいている為に　嫌だと言われると尚更好きになってしまい　広子さんが逃げたり　隠れたりすると尚更好きになると言う程　惚れ切っているので親姉妹が見れば　広子さんは　あんなに好かれて仕合せだと思って　結婚すれば良いのにと思いましたが　広子さんの内心は　時々痛む背中の事で結婚したら又脊椎カリエスに　なるのではないかと　不安がありましたので　好きなくせに嫌いだと言ったり　逃げたりしましたが　女であるもの惚れてくれた此の人と　一緒に世帯を持って暮したいと　思っていましたら　母親が"広子　あの人と一緒になったら何うかい　お前の事を好きな

相対性神理

んだとさ″と言いました　広子さんは暫く黙っていましたが″仕方がないの　お母さん　一生一人ではいられないからね″と言って決心をしました　広子さんが仕方がないの　と言う言葉の中に　躰(からだ)の事が心配なのだな　と察した母親でありました　時は昭和二十一年第二次世界大戦で　日本が敗けた翌年でありました　広子さんは新潟の青年の家で　結婚式を行って　晴れて夫婦になりました　青年の家は建築金物製造卸商でありました　戦争で焼野が原の様になった東京は　復興の為に建築金物は　飛ぶ様に売れましたので　東京へ品物を送ったり　月に二度以上は集金に上京しましたが広子さんを置いて行けない青年は　集金に行くにも手を繋(つな)いで行く位で　前生は鴛鴦(おしどり)ではなかったかと思う程でした　立派な良い主人で広子さんを

可愛がって　大事にしているので　親は安心していました　東京へ集金に来ると　親の所へ泊って行きました　本当は広子さんは　その頃が幸福の絶頂でありました　やがて妊娠（にんしん）しましたが流産をしてしまいました　それからは躰の調子が変だと思っても　誰にも心配させない様に　気を使いながら生きていても　何となく夢の彼方へ　消えて行く様な予感がしている　広子さんでありました

再び脊椎カリエスになってしまう

東京へ集金に来る時は　必ず広子さんと二人で来て　親の所へ泊って行くのに　主人だけが来て〝広子が風邪を引いて　躰の節々が痛いと言うので　入院させたので　今日これで帰ります〟と言って　急いで帰って行く姿を見送った　母親の心

相対性神理

に〝まさか脊椎カリエスが再発したのでは〟と思って心配になって来ました　それから一か月過ぎても　まだ入院していると言うので　変に思った母親は　広子さんより三つ下の妹を連れて　新潟(にいがた)へ行って　早速広子さんに会いましたら　案外に元気そうにして〝風邪を引いただけ〟と言っていますが　親と妹の心は　広子さんの胸の中まで知り抜いていますから　側に付いて離れない主人に　母親がそれとなく〝東京の大学病院へ入れるから　広子を連れて帰りたい〟と言いますと主人が〝それでは私が一緒に連れて行く〟と言うので話は決まって　病院にも納得してもらって　その翌日　東京へ帰る事になりました　広子さんは自分の病は何であるか知っているので　親元へ帰りたい一心で　歯をくいしばって頑張りました

側にいる主人は　広子さんを抱える様にして
一時も離れませんでした　そして大学病院へ入れ
て　ホッとしたのか　帰る時に"広子　達者になっ
ておくれ"と言って　手を握りしめていました
此れが最後の別れになろうとは　誰も知らない事
でありますが　もう少し話を続ける事に致します
東京の大学病院へ入った　広子さんの病名は一応
風邪が元である　と言う事になっていますが　色
色と検査すると　脊椎カリエスと肺結核と腎臓炎
で　手遅れでありましたので　食欲は無く痩せ細っ
てしまいました　入院して半月位過ぎた頃でし
た　毎日の様に姉さんの看病に行っている　妹さ
んが　受持の先生に呼ばれて"本当に可哀相です
が　お姉さんは此れ以上居ても　良くなりそうも
ありませんので　家へ引き取って看病した方が良

いと思います"と言われましたので　悲しくて泣きたい気持で親に話して　早速自動車を用意して家へ連れて来ましたが　広子さんの容体(ようたい)は日毎(ひごと)に悪くなり　静かに寝たきりとなってしまいました雪の新潟を出て来たのが二月で　それから二か月過ぎて　上野の桜が咲いたと聞いた頃　広子さんの様子がおかしくなりました"ヒロコキトク"の電報が新潟へ飛んだ　主人はそれこそ飛ぶ様にして東京の家へ着くと　玄関の戸を開けると同時に大きな声で"ひろこー"と呼びながら　入って来たが　時すでに遅かったが　苦しまずに静かに息を引き取った広子さんの躰(からだ)を　抱き起こして顔(かお)すり寄せて"広子　広子"と呼び続ける主人でありました　広子さんは享年二十六才桜の花咲く四月十一日　重い病の十字架を背負って病(や)み果たす

様にして短い人生を終わりましたが　優しい立派な主人に　抱き抱えられて死んだ広子さんは　本来ならば　始めの脊椎カリエスの時に　死ぬ所を短いながら　結婚もしたり　流産はしたけれども子供が出来たりして　女の一生を終りましたが広子さんの主人になった人は　悪い事を一つもした事もなく最愛の妻に先立たれて　葬儀が終わると広子さんの遺骨を抱えて　新潟へ帰る姿を想い浮かべる　私は書きながら泣けました………私も同じ様に背骨を患う身でありますから　こんな悲しい思いをさせたくないので　書き続けました

なぜ広子さんは脊椎カリエスになったのか

　始めの方で小学生の時に　男の生徒に背中を突き倒された　と言いましたが　その様な事があっ

相対性神理

ても何でも無い人がいますので　その事が脊椎カリエスの種ではありません　背骨を患うと言う事は　複雑な事情があって　継ぐべき家を継がずして　子供を置いて離婚して　他へ行って結婚して子供が出来た時に　背骨の悪いの者と結核の者が現れる　と言う様に此の世には　正然とした法則があります　此の様な事を勉強もしないで　宗教家になったりした者が　守護霊だの背後霊だのと言ったり　方位方角が悪いと言って　人を騙しているのであります　正然としている神理法則を悟っていれば　その神理法則を物差にして　計り出しますから　人を騙したり　騙されたりは致しません　それで此れより　なぜ広子さんは脊椎カリエスになったのか　神理の物差を以て広子さんの父親の事から　計り出して解き分け致します

実話 戦争の犠牲となった哀れな運命の人達
夫が子供を置いて家出した

　人間として生を享けたなら丈夫で長生きをして面白く楽しく暮したい　と誰でも思っているのに運命の歯車が逆に廻って　折角偉い人になっても失敗したり　どん底に落ちたりする人がいますそれは知らぬ間に播いて来た種が　生えて来たのであって　自ら悩み苦しんで　通る事になりますその事を事情で果たす道と言います　それとは違って　重い病の身になって　辛い苦しい人生を　通る人達がいます　此の人達を　病んで果たす道と言います　皆それぞれの種があります　今生か前生か　知らぬ間に行った事でも　種は種で必ず生えて来ます　それが　因縁と言う事であります

脊椎カリエスや　結核と言う病でも　種が無ければ生えて来ません　先に記録した　益さんと言う男の脊椎カリエスと　後に記録した　広子さんという女の脊椎カリエスでは　共通する所があります　それは　母親か　父親か　何ちらかが子供を置いて　家を出て他で結婚している事であります
益さんの時は　母親が子供を置いて家を出ました
広子さんは　父親が子供を置いて家を出ています
その親達は　そんな事をしたならば　肺結核の者か脊椎カリエスの者が現れる　と言う事は知らないし　そうしなければならない運命でありました
此れからまた　レントゲンでは写らない不思議な事実を　書き記す事に致します　それは広子さんの父親の事でありますが　新潟の人で男の兄弟三人いましたが　三番目で保田秀三と言いました

長男は結婚すると間もなく　召集令(しょうしゅうれい)(戦時に於て兵役の義務のある者を　軍隊に召(め)し集(あつ)める命令書の事)が届いて　日露戦争で満洲へ行って戦死をしてしまいました　それから次男も戦地へ行きました　それで三男の秀三さんは　長男の嫁さんと直る(結婚する)事になりました　やがて女の子と男の子と二人の子供が出来た頃　何となく家庭が気まずくなり　女と博打(ばくち)で夫婦の仲が悪くなって　或る日　秀三さんは女房子供を置いて　家を出て上野行きの列車に乗りました　新規蒔(しんきま)き直(なお)しの覚悟で　出て来たけれど　もう一つの訳がありました　新潟にいる時に幼な馴染の女の人がいました　名は道子さんと言いました　或る事情に依って生れたので　或る家の養女として育てられましたが　年頃になった頃に　上野駅に近い所へ

また養子になりました 秀三さんは道子さんに会いたいと 思いながら仕事を探していました そして三河島町の運送屋で 働く事になりましたがその頃の運送屋と言うのは 荷馬車や荷車であって 自動車ではありませんでしたが 東京へ出てからは 博打も止めて一生懸命働いて 僅かばかり金も出来た頃 神田町の近くで 道子さんと出会ったのが きっかけで二人は仲良くなってしまいました 道子さんを養子に貰ったのは 子供がいないからでありましたが 道子さんを養子に貰うと間もなく 女の子が出来たので 道子さんは秀三さんの嫁になっても良い と言う事になりまして それで三河島町で世帯を持ちました 此れが脊椎カリエスになった 広子さんの両親でありますが 貧乏人の子沢山 と言う通りで 子供が

後から後から六人もの子供が出来ました　その五番目が広子さんでありました　六人の姉弟妹(きょうだい)の事を簡単に記しますと　長女と次女は貧乏な為に　家の犠牲になって芸者になります　長男は肺病で若死をする　三女は教員になり　四女が広子さんで脊椎カリエスとなり　五女は信仰心があって　因縁切りの為に　神理の勉強をして　神職となる

置いてきた子供が尋ねて来た

戦死した長男の嫁さんと直って　子供二人まで出来ましたが　妻と子を置いて飛び出した秀三さんは　運送屋をやり　次に養鶏所を始めましたが世の中は不景気になり　生活は苦しく上の女の子二人は　家の犠牲となって芸者になる　その時に世話したのが　母親が養子となっていた家の人で

相対性神理

ありますから　因縁の渦巻が家族を　引き込んで行く事になります　秀三さんが東京へ出て　十年近くなった頃でした　家の前に若き男女が立っていました　それは新潟に置いて来た子供達でありました　姉と弟と家を飛び出して来るには　何か相当に嫌な事があったに違いないと　思いましたそれでも実の父親を尋ねて来たのに　秀三さんは嫌な顔をして　素っ気ない様子なので　婦さんの道子さんは　自分も不幸な運命であったので　それとなく　姉弟の面倒を見ていましたが　やがて姉さんの方は住込みで働く所を見つけて　働いている中に　警察官と結婚して　子供二人出来ましたが肺結核で死亡　享年三十五オでありました
　次は弟さんは　町工場で働いていましたが結婚して　子供二人出来ましたが肺結核で死亡しました

実の父親を尋ねて来た姉弟(きょうだい)は 素っ気ない父親の態度に 世を恨み 人を恨んで 悩み苦しんでいたに違いありません それでも それとなく蔭(かげ)にまわって 面倒を見てくれた義理の母である道子さんの 情けのこもった行いが 若くして死んだ二人が 人の愛と情けを 感じた事でありました

置いて来た子の身の立つ様にする事

人生は色々な事があって 折角結婚しても 何(ど)うしても別れなければならない人がいます 然し別れ方にも二通(ふたとお)りあります それは子供を置いて別れる人と 子供を連れて別れる人であります 何うしても別れるならば 子供を連れて別れた人が勝ちであって 子供を置いて別れた人と言いますのは 子供を捨てた事になります 何の様な理由

であっても　捨て子因縁となります　秀三さんの様に子供を二人置いて来た事は　捨て子因縁となりますから　何うしても置いて行く以上は　子供達がその家を守って行ける様にするか　或は年月が過ぎて　置いて行かれた子供達が　家にいられず　秀三さんの子供の様に　尋ねて来た場合は素っ気ない態度をして　嫌な顔をしたら大変ですそれよりか　身の振り方を考えて　生活の出来る様に面倒を見てやるのが　別れた親でも親は親でありますから　親の務めであります　置いて来た子の身の立つ様にする事を　してやらなかったならば　何(ど)ちらも肺病因縁となります　そして飛び出して来たのが夫の場合は　次に結婚して子供が出来れば　肺結核の者と　脊椎カリエスの子が現れます　此の時に脊椎カリエスになるのは　女性

であります　秀三さんの所では　四女の広子さんが脊椎カリエスでありました事を　悟って下さいそして次は　飛び出したのが婦(かみ)さんの場合は　次に結婚して子供が出来れば　置いて来た子供達と両方共に肺病因縁となり　後の子供の方に脊椎カリエスの者が現れます　此の時は男性であります前の所で話しました益さんの事を　悟って下さい

脊椎カリエスは肺病因縁と断滅因縁

此の世の中は　人間が造ったのではありません神様が造ったのであります　造り主である神様の掟(おきて)に従(したが)わねばなりません　何程偉い身分の人でありましても　宗教家でありましても　神様の掟(おきて)に従わねばなりません　神様の掟と言うのは大自然の法則であり　神理であります　その神理を知ら

相対性神理

ぬ者が　事情で困っている者や　身情で困っている者を　拝んだり祈禱(きとう)いたしましてもそれは一時(いっとき)の気休めであって　真実の神様の受取(うけと)る事ではありません　例えば肺病になるには　その前に必ず肺病になる　事情が起きています　それが種となって肺病になります　脊椎カリエスになるにはその前に必ず　脊椎カリエスになる　事情が起きています　それが種となって　脊椎カリエスと言う病（身情）になります　つまり身体が病になる前には　必ずや事情（揉(も)め事　争い事）があった訳であります　その事を神理法則で計り出して助ける事を　法を以て助けると言うので　法印様法王様と言うのであって　神理法則を悟っていない者が　何程十字の印を結(むす)んでも　それは形式であり　ハッタリであります　脊椎カリエスや肺病

181

等の難病の人を助ける為に　その人達は何の様な事を　行って来たのか　レントゲンでは写らない因縁事情を　神理法則を以て計り出して　正々堂堂と書き記して発表したのが　不思議な記録であって　此の十四巻だけではなく　まだ続いて発表致します　それは今の世に此処まで　神理法則を以て解き分け出来る人は　いない事を知っているので　宗教を求めるより　神理法則を求めている人達を　教え導く為であり　助ける為であります　又　脊椎カリエスや肺結核で　苦しみ悩んでいる人達を　助ける為にその人達の運命を　神理の物差で計り出して　書き記しましたが　作り話や小説ではなく　実話でありますから証人がいます　証拠もあります　自分の因縁を判らない人が沢山いるのに　他(ひと)の運命因縁まで探り当てると言う事

は　容易な事ではありません　せめて自分の因縁位は　神理の勉強をして悟る事が必要であります　さて此れより今までの事を　纏める事に致します　屋根棟の中で争い事あれば　胸の中の熱病となり　争い事治まらず　夫婦別れになれば　肺病因縁となる　夫婦は互いに立て合い助け合う為に　結婚したのでありますから　如何なる理由があっても離婚する　生き別れをすると言う事は　相手を潰した事となりますから　立つ骨の理に逆らった行いとなります　立て合い助け合っていれば　背骨と言い脊柱と言う柱を　立てた理になりますが　互いに潰し合って別れた事が　背骨を倒した事となり　家を潰した事となりますから　相対性神理に依り　背骨が潰れる病であって脊椎カリエスの因縁となり　肺病因縁と共に断滅因縁となります

実話 交通事故で骨が折れてしまつた主婦
鎖骨(さこつ) 肩甲骨(けんこうこつ) 肋骨(ろっこつ) 九か所折れた

　此の事は実話でありますので　証人がいます　証拠もありますが　氏名や地名は　本人が納得の上仮名に致しました　それは　昭和五十八年四月の事でありました　文京区より来る鶴巻和子さんは　自由宗教一神会の先生の資格を持っている人で　落着いた誠実な先生であります　その頃親戚の人が家を探している　と言うので友人であって同じく一神会へ参拝に来る　荒井静江さんに話しました所　常磐線の柏駅より先の天王台駅近くへ家を見に行く事になりました　そして荒井さんの運転で　助手席に鶴巻先生が乗って出発しました　荒井さんとは　女のくせに何となく言葉は荒いし

相対性神理

運転も荒いので　隣りに乗っている鶴巻先生は何となく怖いと感じながら乗っていました　自動車はやがて天王台駅の方へ曲りました　家を探すので一寸脇見をしながら　交差点を出様としました時に　右側から来たトラックと衝突して大事故となってしまいました　運転していた荒井さんは衝突と同時に眼が眩み　道が狭くなって真っ暗になって　意識不明となってしまう　隣りの助手席にいた　鶴巻先生は不思議な体験をしていました　衝突と同時に　なむゐゐしんおをのみこと　様と術事の神名を　大きな声で唱えましたら　厚さ五ミリ位もある様な　白いビニールが頭から上半身に　被さった様な気がしましたが　すぐに消えてしまいました　その為か怪我と言う程の事はありませんでしたので　意識不明になっている荒井さんに

術事の神名 なむぁ いぁしん おとのみこと 様と 唱え続けていました 事故現場を見た人達は 救急車を呼んでくれましたが 即死であろうと 言う程の大事故であって 荒井さんは重傷でありました

霊体手術の骨の音を聞いた人

　救急車は千葉県我孫子市のアビコ外科病院へ入りました 鶴巻先生は急(いそ)いで一神会本部へ電話をしました それを受けた田畑嘉子先生が早速 私に報告に来ましたので その時に居合わせた本部員や会員信徒さん方に拝殿に集まって戴きました そうして皆(みんな)が一致して祈願する事を 総願いと言います 私は神殿に上って祈願致しました そして神様に申し上げました事は〝荒井静江交通事故に依り大怪我を致しましたが 身情恢復(みじょうかいふく)致しまし

相対性神理

たる時に　荒々しき言葉遣い　荒々しき行いを改めさせて　お詫びさせますので　身情助け給えと　謹しみ畏みて申し上げます"とお願いしましてから　術事の神名　なむゐゐしんおをのみこと　様と三回唱えて神通力で病院へ飛んで行き　荒井静江さんの身体を　見通すと　右肩の上の骨（鎖骨）

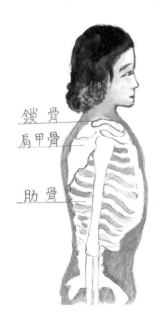

鎖骨
肩甲骨
肋骨

が一箇所折れている　次に右肩の甲羅（肩甲骨）が五箇所折れている　次に右の荒骨（肋骨）が三本折れているので　霊体の方を手術して　治療して戻りました此の事を霊体手術と言うのであって　血が出たり変な物を出したりは　しません

その時に総願い致しました人達は　私が術事を行っている事を　知っていますから〝会長様　只今何を行ったのでありますか〟と聞きましたので
〝荒井さんの身体(からだ)を見ましたら　右肩から肋骨(あばらぼね)まで　九箇所骨が折れているので　霊体手術を行って来ましたから　かならず助かりますよ〟と言って田畑嘉子先生に　急いで病院へ行く様に言いました　そして病院へつくと　嘉子先生は〝事故の知らせを受けると　すぐに会長様は神殿に上って祈願をされて　霊体手術をして下さったのですよその時に骨が九本折れている　それは家族の分だけ折れている〟と言いました　然し事故現場を見た人は　即死だろうと言う程の重傷の荒井さんがそれ程の痛みが無く　ベッドの上に横になっていて　次の様な事を言いました〝意識朦朧(いしきもうろう)としてい

ましたが 何となく身体が温かく感じて来ましたら コツコツと 身体の中の様な 意識の中の様なところで 音がしている気がしました そばに母がいましたので 今 会長様が来て治して下さっている様な気がする と言って母も一緒に合掌してくれました"それを聞いた嘉子先生は"その時ですよ 会長さんが一寸病院へ行って 荒井さんを見てくる と言って霊体手術を行ったのですよ そして骨は九箇所折れている 家族の分だと言っていましたよ"と言いました 霊体で飛んで行った私は 荒井さんの霊体の骨を組合せた時の骨の音が聞えたのであります それは荒井さんが死線をうろついている程の重傷でありますから半霊体化していましたので 霊体で飛んで行って神通力で行いました事が 判った訳でありました

此れから不思議な事が続いて　現れて来ます

レントゲン写真を見て驚いた人達

　駅の近くの大事故でありますから　事故の起る時の瞬間を　見ていた人が多勢いました　トラックと衝突した時に　乗用車の運転手と助手席の二人は　誰が見ても即死と思った　と言っていましたが　運転手の荒井さんは　九箇所も骨の折れる重傷でありましたが　助手席にいた鶴巻和子先生は　親孝行で穏やかな人柄でありますから　荒っぽい怖い荒井さんの運転なので　幾度か途中で降ろして貰おうかと　思っていた位でありましたが遂に大事故に遭ってしまいました　その時　前に少し話しましたる如く　不思議な事が起きましたそれは　厚さ五ミリ位もある様な白いビニールが

相対性神理

衝突の瞬間 なむ いゐしん おをの みこと 様と大きな声で術事の神名を唱えた時　白いビニールが上半身に被さりましたので　フロントガラスの破片が飛び散りましたが　顔も躰も　無疵でありました　そして　そのビニールは消えてしまいましたので鶴巻先生は"神様が守ってくれました"と言いました　そればかりではありません　事故を見ていた多勢の人達は　目茶苦茶になった自動車を見て二人共即死だと思っていたのに　助手席のドアを開けて　鶴巻先生が自力で出て来たので　ワーッと喚声が上がって"良かった一人は助かった"と人々が言ってくれました　そして救急車で重傷の荒井さんを　庇う様に　病院へ行きましたが鶴巻先生は　検査の結果打撲傷と鞭打症と判りましたその様な訳で少しの間は　病室で休んでいました

嘉子先生と荒井さんの母親と　荒井さんの病室で話をしている所へ　看護婦さんが呼びに来ましたそして医務室へ行く途中で　嘉子先生が看護婦さんに"骨は九箇所折れていると　会長様が言いました"と言うと"レントゲン写真を見ないでも判るのですか"と看護婦さんは言いながら医務室へ入ると　早速お医者さんは　荒井さんのレントゲン写真の説明をしてくれました　鎖骨の所が一つと　肩甲骨の所が五つと　肋骨の所が三つで合計九箇所も折れていると　お医者さんは親切に教えてくれましたので　嘉子先生も荒井さんの母親も看護婦さんも驚きの声を出しましたら　お医者様は"こんなに折れても　生きていて良かったね"と言いましたら"レントゲン写真を見ていないで骨が九箇所折れている　と言った人がいます"と

看護婦さんが言うと　お医者さんが"その人は誰ですか"と言うので嘉子先生が"一神会の会長様です"と言いましたら"不思議な人ですね"と言いながら首をかしげていました　此のお医者さんと看護婦さんは　信仰を馬鹿にしないし　明るい心の立派なお医者さんと　看護婦さんでありました　それからまだ不思議な事が起きてまいります

骨が九箇所折れた訳

　神通力で飛んで行って　霊体手術を行って帰って来て　骨が九箇所折れている　と言いましたがそれは　レントゲン写真が出来る前の事でありますから　レントゲン写真を見せて貰った人達は不思議な事に驚いたのは当然でありますが　平成七年の現在その人達は　証人証拠となり現存して

います　それでも疑<ruby>うたぐ</ruby>って　そんな事があるものかと言う人がいます　自分に出来ない事は　他<ruby>ひと</ruby>には出来ないと思う人で　自惚れ慢心をしている人であって　絶対に不思議な事の出来る人には　なれません　そればかりか　何故<ruby>なぜ</ruby>骨が九箇所も折れたのか　と言う事になりますと　レントゲン写真に写っていない　因縁事情のことでありますから誰にでも判ると言う訳ではありません　宗教家でも此の様な事を　知らない　判らない人が沢山います　中には頭を下げて　神理の勉強に来る人がいますが　殆どの者が　知らぬくせに知ったか振って　人を騙し自分を騙していますから　充分に気を付けて下さい　それではレントゲン写真に写らない事でありますが　神理の物差で計り出して　その因縁事情を　解き分けする事にします

骨が九箇所折れるには　それ相当の種があります
決して偶然(ぐうぜん)ではありません　必然の事であります
◆鎖骨が一箇所折れたのは　右でありますから
母親に立てついて　不孝をした事が種であります
では何うして右の鎖骨が　母親の位置になるのか
と　言う疑問が持てましたら立派な者であります
それから先は本だけでは無理です　その事を悟り
たい為に　昔ユダヤから　インドから尋ねて来た
人がいました　それが神理を求める人の礼儀であ
ります　今の人は威大なる先人(せんじん)を見習うべきです
◆次に右の肩甲骨が五箇所折れたのは　同じ屋根
棟の中に暮していない家族五人であって　母親が
世話になっている家族に　荒々しい言葉で立てつ
いたり　荒々しく突き掛(つ)(か)かったりした事が種であ
ります　此処で又申しあげますが　右の肩甲骨が

五箇所折れた事から　同じ屋根棟の中で暮していない家族と言う事を　何うして判るのかと疑問を持ちましたら立派な者であります　それから先は本だけでは無理です　その事を悟りたかったならば　尋ねて来て頭を下げて　教えて貰うのが礼儀であります　此の事を確りお悟りになって下さい
◆次に右の肋骨三箇所が折れたのは　同じ屋根棟の中に暮している家族三人と言う事になり　その中には事故に遭った本人も含みます　家族の事を不足し家庭生活を　重荷に思って恨み憎しみ荒々しく怒って　当り散らしている事が種となります　此処で又申しあげますが　右の肋骨三箇所折れた事で　同じ屋根棟の中に暮している家族三人　と言う事は　何うして判るのかと疑問を持ちましたら　立派な者であります　それから先は本だけで

相対性神理

は無理です　その事を悟りたかったならば　尋ねて来て頭を下げて　教えて貰うのが礼儀でありす　釈迦やイエスキリストでも　艱難辛苦(かんなんしんく)十年以上の歳月(さいげつ)を掛けて　神理の勉強をされたり　神様に対する礼儀作法である　祭式や　祓い清め　の修行をして悟りましたる程　重要なる神理法則を電話や手紙で　質問して来る人がいますが　重要なる神理法則を　軽く見ている人で　礼儀を知らない無礼者ですから　その様な人には　教えても悟れませんから　教えません　今此の本で解き分けている所(ところ)迄でも　解き分けの出来る人は　今の世には殆どいない事を　判っています　読者の皆様は此の事を　確りと悟って騙されない様にして下さい　実話を以て重要なる神理法則を　解き分けしている事を　悟って戴き度いのであります

骨が九箇所折れたのは　家族の分であると　私が言いましたが　一緒に暮しているのは　夫婦と子供で三人であるので　何うして九つに折れた骨が家族分であるのか判らない　荒井静江さんは入院中　考え抜いた事を　書き留めてありましたがその中に反省とお詫びをして　生れ変った様になって行く様子や　奇跡の退院をする迄の事を　記してありますので　参考の為に次に記載致します

被害者　本人の手記より抜粋

　骨が九箇所折れたのは　家族分であると会長様から　言われましたので〝家族分九つ　家族分九つ〞と何度も何度も繰り返して　ベッドの上で自分に言い聞かせる様に　考え込んでいました　暫くして　ハッと想い出す不思議な事がありました

相対性神理

此の事故の時より十五年前から　私の母は或る家に　お手伝いに行っておりました　戦争で夫を失った母は　苦労の多い人生でした　母親のいる所でありますから　私も夫や娘と訪ねました　先方の方達は良くして下さいました　ところが当時の私といえば　普段から不足不満が多く　どうして世の中には　色々な身分の人がいるのかしら　と身分の良い人達を　怨んだり憎んだり致しました　母や自分達は　精一杯の事をしているのに　誰も私達を理解してくれないと思って　全てのことを悪い方へ悪い方へと　受け取ってしまい心は　荒れ果てていました　或る日　母は私の顔を見るなり〝お前の顔は　まるで殺人犯の様だよ　怖くて話も出来ない様な顔だよ〟と言いました　その様な心使いでしたから　母がお世話になっている家

族に対しても　うち解ける事が出来ませんでした
それこそ母が世話になって　身内の様にしている
家族が五人いました　会長様が言った通りであり
ました　折れた骨の数通り　数が一致したのです

五年前の予言を想い出した

　怪我の恢復は順調でした　母が看病してくれた
時に　一度出血がありましたが　大した事はあり
ませんでした　病院では今すぐには　手術は出来
ないと言うので　シップと点滴をしていましたが
その時に　バッグの中に入れてある不思議な紙の
事を想い出しました　それは事故を起す一週間前
に　会長様に呼ばれて　不思議な働きのある紙を
頂きました〝それは怪我をしたり躰の具合の悪い
所へ　術事の神名を唱えながら貼りなさい　人助

けの不思議な紙で　お息(いき)さん　と言うのですよ″
と言われましたが人助けの為に頂いたのに　自分
が使っては申し訳ないと思いますが　母に頼んで
バッグから出してもらいました　そしてシップを
する時に　お医者さんに訳を話して　此れはとて
も大切なものですから　シップと一緒にお願い致
します　と言いましたらお医者さんも判ってくれ
まして″神様のお守理さんかね″と言って　シッ
プを取り替える度に　一緒に貼(は)って下さいました
それから又　色々と考えました　一神会に行って
最初に　会長様に会って言われたことは″人を許(ゆる)
しなさい″の一言でありました″ハイ″と返事を
しましたが　会長様は私の事を見通していたので
す　次に声をかけて頂(いただ)いた時は″あなたは短気で
短命で　四十才前には死んでしまいますよ　それ

でも一神会に確りとついていれば　助けてあげるから確りついていなさい"と言う事でありました
あまり気になりましたので　ノートに書いて置きました　その時の私の年は三十五才でありました
それから五年後ですから　丁度四十才の時に此の自動車事故に遭いました　五年前の予言通りでありますが　不思議な神様に助けていただきました

手術もギブスもしないで治った

荒井さんの手記は　まだありますので続けます
　事故の程度から言っても　即死同様の事故なのに　骨が九本折れた事で済みましたが　いろいろと　お詫びを考えました　背中の五箇所の骨折は母がお世話になっている先の　御家族五人の事であります　何かある度に怨んだり　怒ったりして

いました　本当に申し訳　ございませんでした
そして脇腹の三本の骨折は　夫と娘と私の三人で
した　それから右肩の骨折は　母親の事でありま
した　それは一神会で　教えていただいた通りで
ありました　此れからは自分を良く見て貰いたい
自分を理解して貰いたい　と言う自分本位の考え
方を改めて　自分は脇役になって　他様(ひとさま)のお役に
立たせて頂きたい　と思いまして　お詫(わ)びを致し
ます　それから母親に反発しました事もお詫びを
致します　此れからは親を大切にして通ります
今迄は悪い事をしても　他(ひと)のせいにして来ました
事が種で　大事故になった事と悟りましたので
病院のベッドの上で　お詫びをさせて頂きました
此の様なお詫びを　神様に受け取って頂けたのか
大変な事故で　九箇所も骨折しましたのに　結局

手術もギブスもしないで治った事に　お医者さんも看護婦さんも皆さんが　ビックリしていました　退院の時でしたが　お医者さんが〝あの神様のお守理さんが　治してくれたのだろう〟と言った後から〝粗大ゴミも又いつか使える時がくるから〟と私の顔を見て　笑いながら話してくれました　とうとう私は　粗大ゴミにされてしまいましたが　面白い良いお医者さんにつけたのは　神様のおかげであると思います　それにしても　会長様から四十才で死ぬ　と言われましたが　怪我をした事から　今までの間違いに気が付きました　そして生れ変った様な気がしました　本当にありがとうございました　と言う荒井静江の　手記でありますが　現在は一神会本部の炊事場にいます　言葉遣いも改めさせました　大事故の時に同乗してい

ました鶴巻先生も平成七年の現在　一神会本部に通って人助けの為に色々と役目を果たしています扠　即死かと言う程の大事故で　九箇所も骨折しながら　手術もギブスもしないで　助かったと言うのは　お医者さんや看護婦さんが　不思議だと思う事が起きたのでありますが　それには神通力で飛んで行って　霊体手術を行った事を忘れてはいけません　大事故が起きた時　神様にお願い致しました言葉は〝怪我をした荒井静江の躰が恢復しました時に　荒々しい言葉遣いや行いを　改めさせますので　身情助け給え〟と願って霊体手術と言う　不思議な事を行ったのでありますから
躰(からだ)が良くなって本部へ来る様になったので　私は神様に約束しました通り　荒々しい言葉遣いや行いを改める様に　荒井静江さんを仕込みました

交通安全の為に心得ておくべき大事なこと
術事の神名三回唱えて発車する

現在の地球上は　陸も海も空も乗り物がいっぱいあって　時間的には rush hours（ラッシュアワー）となり危険がいっぱいであります　何処の国でも交通事故が毎日沢山起きていますので　交通地獄と言いますその中を無事に通るには　運転が上手位では駄目でありますなぜかと言うと　運転の下手な者が沢山いるからです　それでは何（ど）うしたら良いのかと言うと　自動車　自転車　オートバイ　飛行機電車　船等の乗り物には　交通安全のお守理札（まもりさん）を付けるのは良い事ですが　それだけではまだ駄目であります　何の乗り物でも乗りましたならば発車する前に　両手合わせて　拍手（かしわで）を四回行（おこな）って

相対性神理

術事の神名　**なむぃゐしんおきのみこと**　様と三回唱えて　只今より出発させていただきます　何卒無事お連れ通り下さいませ　と神様にお願いしてから出発致します　此の事が習慣になる様に努力して下さい　右の挿絵は自動車で出発する前に　合掌して拍手を四回行って　術事の神名　**なむぃゐしんおきのみこと**　様と三回唱えて　只今より出発させていただきます　何卒無事お連れ通り下さいませ　と神様にお願いしている所であります　心の清らかな美しい行為であります　あなた様も乗り物に乗った時　出発前に必ず行って　それとなく人々に教えて下さい

術事の神名を唱えて　奇跡的に助かった人達が沢山います　乗り物の時ばかりでなく唱えて下さい

術事の神名を唱えよ

なむ しゅしん おゝのみこと

　此の神名の事は今までに　幾度も解き分けて来ましたので　既に此の術事の神名を唱えて　不思議な事や奇跡を　体験した人達の手紙や報告が沢山寄せられています　それは証拠物件として保管してあります　躰の弱い人や病人さんや　怪我をした人の躰を摩る時でも　術事の神名を唱えながら　摩ってあげますと　不思議が現れて来ます
そればかりではなく　人の世は難しい事が沢山あります　家の中の精心的争いや　家庭問題の事や

相対性神理

会社の諸問題　大にしては国の諸問題等　責任者と言う立場の者は　皆それぞれの悩み事があります　若しも上に立つ身分になって　家の事でも会社の事でも　国の事でも　何も悩む事の無いと言う者は　無責任者であり　怠け者であります　上に立てば立つ程　偉く成れば成る程　大きく成れば成る程　その悩みは大きくなります　それを解決（かいけつ）して発展向上出来る者を　実力者と言うのであって　責任者となって上に立っていますと　誰にも相談の出来ない様な事があります　その様な時に誠の心を持って　此の術事の神名を唱えて願いますと　良き知恵が授（さずか）り　良き事が現れて来ます　病となって身に現れる問題を　身情問題と言います　家庭や会社や国の問題を　事情問題と言います　先に起きるのは　事情問題であって

問題が　解決出来ない時は　身体に病か怪我と
なって　現れて来ます　始めから身情問題にはな
りません　必ず事情問題から身情問題となるので
あります　此れが順序の理と言う　神理法則であ
ります　事情問題か身情問題で　悩む時があれば
術事の神名　なむゐゐしんおをのみこと　様と三回唱
えて　事情解決させ給えと　お願い申しあげたり
病の時は身情助け給えと　お願い申しあげるので
あります　神様にお願いをする時に　お詫びの印
とか　お願いの印と言って　誠の心を　お金で現
すか　お金が無ければ　躰を以て境内地の草むし
りか　便所の掃除をする　と言う様に奉仕をして
誠の心を現しますと　助かった　良くなった
と言う御守護が現れて来ます　只何もしないで
助けて下さい　助けて下さい　言うばかりの人間

相対性神理

には　助けてやる　助けてやると　神様は言うだけであります　口(くち)ばかりで実行の無い　礼儀作法の知らない者は　助かりません　今時(いまどき)百円千円で人に仕事を頼めますか　人間より　誰よりも偉い神様に百円か千円出して　助けて下さいと言うのは　礼儀を知っている人間ならば　出来ませんが神様はお金を受取るのではなく　誠を受取って下さいますので　此の百円は何の位の誠があるか此の千円は何の位の誠であるか　天の秤(てん はかり)(てんびん)で計り出して　その誠の分だけ助けて下さいます此の所をよく悟って下さい　此の世界は現象世界でありますから　現在　現今　現代　と言うのであります　助かった　と言う事が現れないのは口ばかりで　誠の心を形に現す事を知らない人で神様にたゞで働いて貰う　と言う礼儀知らずであ

211

るか　吝嗇か怠け者か狡い人であります　その様
な人は心を改める事が先であります　所がその様
な人が　宗教家の振りをしていますから　油断を
しない様　充分に気を付けて下さい　その様な変
な宗教や　変な宗教家に騙されない為にも　常日
頃から術事の神名　なむぁいぁしんおぁのみこと　様と
唱える事を　習慣になる様にしてください　そして
此の神名に背いたり　反対する者がいましたなら
ば　相手にしない様にして下さい　此の神名につ
いて　次の様な御神言がありますので　記します

御神言
このかみなに　そむくなよ　そむけば
たきれるぞ　つぶれるぞ　一神宮所蔵

今までに　随分反対されたり　馬鹿にされたり

致しましたが　御神言の通りでありました　次に
その一例を　書き記しますが　此の事は実話であ
りますので　証人の納得の上仮名で　記しました

術事の神名に背いた社長

御神言に　此の神名に　背くなよ　背けば　倒
れるぞ　潰れるぞ　と記されてあります　或る日
の事でした　新しく礼拝施設を造りました　そし
て　神殿と拝殿を造って　おつとめの道具も新し
くして　神殿も拝殿も御簾を付けて　立派になり
ました　神殿の中央には　術事の神名の巻物を
お祀りして安置致しました　それから数日後の事
でした　建築会社の社長をしている　叔父さんが
来ました　成田のお不動様を　一生懸命に信仰を
している叔父さんですが　何が気に食わないのか

家へ入って来ると　ずかずかと礼拝施設の所へ来て　術事の神名を見て〝此れは何んだい　こんな神名なんど　見た事も聞いた事もない　第一お前は（私の事）親不孝だ　親の仕事を捨て今更宗教家になるとは何事だ〟と言いましたので　叔父さんに〝私の事は何と言われても良いが　親の前でもハッキリ言える事は　私は親不孝をした事は一つも無い　それから例え親戚身内でも　親子兄弟でも　此の神名に背いた者は　絶対に承知しない　叔父(おじ)さんであっても　承知しない〟と言いますと〝それが叔父さんに向って言う言葉か〟と言うので〝こんな神名なんど　見た事も聞いた事もないと言った事は　神様に対する言葉遣いではないので　見た事も聞いた事も無いならば　教えて貰うのが礼儀である　判らなければ尋ねたら良いのに

相対性神理

此の神名に文句を言ったのであるから　両手を付いて　神様にあやまれ　それが出来ないと大変な事になるぞ〟と言いましたら〝何んな事になるのか〟と馬鹿にした様に言いますから〝来年の今月今夜（十一月十五日）で終りとなる〟そう言うと叔父さんは　ふふんと嘲笑（あざわら）いながら〝何が終りになるのか〟と言いましたので〝命が終りさ〟と私は言いました　その時にいた人達が　平成七年の現在証人としています　叔父さんはそれ迄にお詫（わ）びをすれば良いのに　私を馬鹿にしていました　叔父さんの父親は法華（ほっけ）の行者（ぎょうじゃ）でありますが　或る日家族を集めて　浅見の伜（せがれ）（私）のやっている神様には絶対に反対するなよ　大変な事になるぞあの神様は　真実の神様であるぞ　と言った事を母親が　私に教えてくれました　然し叔父さんは

215

そんな事はすっかり忘れていましたが　月日の経(た)つのは正確で　時機刻限(じきこくげん)は迫まって一年目の十一月の十五日になりました　叔父(おじ)さんは死にました

立つ骨の理受持の神様に嫌われた人

御神言に　此の神名に背(そむ)くなよ　背(そむ)けば　倒(たを)れるぞ　潰(つぶ)れるぞ　と記されてあります事より　悟らせて戴(いただ)きますと　立つ骨の理受持の神様の御言葉(おこと ば)である事が　判るのであります　術事の神名は元一(もとはじめ)の神様から八百万(やおよろず)の神様まで　神様方のお名前を　全部一度に申し上げたり　術事の時に受持の神様の名を　わざわざ唱えなくとも　通じると言う神名でありますから　一神にして多神の神名であります　その様な訳でありますから　世界中の真(まこと)の宗教宗派であるならば　此の術事の神名に

相対性神理

入っていますので　若しも反対をしたり　背いたりしますと　自分の所にお祭りしてある神様に反対したり　背いた事になります　そうしますと御神言にあります如く　此の神名に背くなよ　背けば　倒れるぞ　潰れるぞ　と言う事になります術事の神名　なむゐゐしんおをのみこと　様と唱えます事は　宗教宗派を越えて　何宗の人でも自由に唱えて下さい　それは自由宗教一神会の会員信徒さんでなくとも　結構であって　此の神名を唱えたから　一神会の信徒になってくれとは言いません　良い神社　良いお寺　良い宗教　良い先生であるならば　続けなさい　若しも悪い宗教　悪い先生であったならば　速やかに止めてしまいなさい　どちらにするにしても　神理の勉強をして正邪善悪を見分ける力を付けて　騙されない様に

なって下さい　最早(もはや)御存知の如く　日本の国はとんでもない者に　宗教法人の認可を与えていますので　宗教法人だと言っても　信用出来ません宗教家と言うのは　世の為人の為に役に立つ人を造り　人生に希望を持たせるのが使命でありますところが　毒ガスを造ったり　他(ひと)の財産を騙し取りしたり　人殺しをしても知らない　と言う大嘘(うそ)つきの宗教法人と言う　殺人団体があって人々を不安に陥(おとし)れた悪魔達を　御存知でしょう　例えばそんなところの信徒になって　お布施とか何とか言って　お金を寄附していると　それは悪い事に協力した事になります　そんな事をして良くなる筈(はず)はありません　騙した人は絶対に悪いので　二度と再び人間になれません　騙されてお布施(ふせ)とか寄附をした人も　人殺しの協力者でありますから

相当に苦労難渋の人生を　通らねばなりません
その様な訳でありますから　今の時代は宗教を求めるより　神理を求める事が先であります　そして　前の所で記しましたる如く　正邪善悪を見抜けたり　聞き分けたり出来る人になる事が必要であります　その為に神理の勉強をして　神理を物差として　正邪善悪を計り出して　間違いのない人生を　通る様にするのであります　私は今迄に或る神社や　教会を助けたり　宗教家を助けて来ましたが　良くなって続けて行ける様になりましたら　恩を仇で返されました　本当に油断の出来ない人の世となりましたが　神理を求めている人達の為に　不思議な記録を発表しました　そして術事の神名を教えました　それは大変な時代になって来たので　助ける為に教えたのであります

立つ骨の理受持の神様が担当する

世の立て直し

　神様方が現在の地球を　御覧になりましたら人の心は汚れ切っていますし　地球は海や山も空も汚染されていますし　芥(ごみ)は到る所に捨てられています　日本の国には　公害防止　自然保護などの環境保全の業務を行う環境庁があります　その環境庁長官は国務大臣であります　真面目な長官ならば　内閣改造があっても続けて戴き度いのであって　長く務めてこそ長官であります　或る時環境庁長官が来ると言うので沼の廻りの芥拾(ごみひろ)いをして　掃除をしている所がありました　そんな所

世の立て直し

へ視察に行く様では　本当の姿の環境は　判る筈がありません　現在の日本の河川湖沼　海岸原野森林等を　大臣や役人と言う肩書を無くして　一般人の振りをして　見て廻れば判る事であります中には良い所があっても　殆どが芥溜地獄の如くであります　その責任者になった　大臣や議員や役人が　役に立たずに身分や位と言う立場で給料を貰っていますと　その行いが　種となって先々の運命に現れてまいります　やがて家族の中に　仕事はしない　勉強はしない　と言う怠け者が現れるか　仕事も勉強もしたいが　病弱で何も出来ないで　金が掛かると言う様な病人が現れますそれは　世の為　人の為にならないで　給料を貰って生活をしているので　見貫見通しの神様方に嫌われて　自然に差引されているのであります

此れが　天之差引勘定（てんのさっぴきかんじょう）と言う神理法則であります
世の中も人の心も汚れてしまいましたが　人間は
心の汚れにも気が付かないので　昭和三十年より
神様方は　世の立て直しを　始めたのであります

御神言

このよ の たてなをし きたるでな
かみの こころに もたれて とをれよ

御神言　此の世の　立て直し　来たるでな

　　　　神の　心に　もたれて　通れよ

前の所で話しましたる如く　世の中も人間の心
も　汚れてしまったので　地球は芥溜地獄（ごみためじごく）になっ
てしまったので　綺麗好（きれいず）きな神様方は　世の中も
人の心も汚（きた）なくて汚（きた）なくて　とても辛抱（しんぼう）出来なく
なりましたので　世の中や人の心を清める為に

世の立て直し

立て直しをする為に　大掃除を始めたのであります　大掃除と言いますと　役に立たない物は纏めて　捨てゝしまいます様に　人間も自分の事自分の家の事ばかりしていて　世の為人の為に役に立たない者は　神様に見捨られてしまいます　その時になって泣いても騒いでも　手遅れであります　情け深くて　怖いのが神様であります　人間だって大掃除をした時に　役に立たない物は捨ててしまう如く　此の世を立て直す程の大掃除でありますから　役に立たない物や　役に立たない人間も神様に捨てられてしまう訳であります　今までに悪事をしたり　自分勝手　自分本位で通れましても　此れからは通りきれません　神様が両手広げて待っていて　人間の芥溜地獄の方へ行け！と言って　見捨てゝしまいます　それが世の中の大掃

除であって　世の立て直しの為には　世の為人の
為に役立たない者は　見捨てられてしまいます
神様が造った地球は　或る程度の汚れ位は　自然
淘汰　新陳代謝　浄化作用　と言う神様の働きに
依って　自然に清められる様に出来ているのであ
りますが　その働きは　或る程度と言う限界があ
ります　その限界を越えた場合は　地球大変動と
なります　現代の人間は此の神理を知らない為に
自然淘汰　新陳代謝　浄化作用　と言う大自然の
働きと言う　神様が定めた働きを越える程　芥(ごみ)を
捨て　毒を撒(ま)いたり捨てたりし　開発と言う名の
もとに　森林を切り倒し　自然を破壊して　人間
の勝手気ままな事を　しているので　造り主であ
る神様は　人間に最後の忠告を始めましたが　人
間は改め様としないので　世の立て直しと言う事

世の立て直し

になってしまいました　世の立て直しと言う以上
地球は大変動が起きます　人間が捨てた芥を人間
は　片付(かたづ)けもしないので　最早(もはや)片付けられない
程　世界を汚して　責任を取らないので　此のま
までは　地球が腐(くさ)りそうなので　芥捨て場ではな
い所に捨てた人達は　神様の掟(おきて)に依り　芥の様に
役立たない人になり　誰にも見捨てられる運命に
なって来ます　そして世の立て直しの為に　天候
異変は厳(きび)しくなって来て　火山の活動も活発になっ
て　大噴火や大地震が多くなります　それから
人口にしても此の地球には　何れ位と言う限界が
ありますが　造り主である神様の御意(みこころ)を　悟ろう
ともしないで　人間の好き勝手に　生めよ増やせ
よと　人口増加をして来たので　その無知な事の
為に　人口は減らされる事が起きて来ます　地球

225

に安心して住める人口は　二十億人が限界であって　現在の世界人口六十億もいる事は　限界を越えています　それでは二十億人だけ残して　それ以上の四十億人は　死んで貰うとか殺してしまうと言う事は　人間には出来ません　例えて言えば一家に六人いて　人口整理の為に　誰か四人ばかり　死んでくれないかな　と言う事は出来ません

限界限度と言う神様の掟がある

地球には水や火　陸地や空気　森林や草花　等は何れ位あれば　人間や色々な生物が生きて行けるか　造り主である神様は　全ての物に限界を定めて造りました　此れが　神の掟（おきて）と言い神様の御意（みこころ）と言い　神理と言います　神理の勉強をして神様の掟である限界限度を　悟りますと此れから

世の立て直し

地球上は　神様の定めた掟(おきて)以上に　汚れてしまい
人間の心も汚れてしまい　その上　人間は限界を
越える程増えていても　平気でいる事が危険であ
ります　判り易く話しますと　例えば人口五万人
の団地を造ろうとする時に　各家庭で使う水道を
計算致します　此れを上水道と言って五万人分の
上水道を確保する設備を致します　そして各家庭
より汚水が出て来ます　それを下水道と言って
五万人分の汚水を処理する　汚水処理場を造り
最後に此れなら川や海に放流しても良い　と言う
所までにする所を　終末汚水処理場と言います
それから電気にしても　五万人分の電気量使用分
に耐えられる設備が必要であります　そして五万
人の人達が生活をしても　空気が清浄である様に
公園や街路樹(がいろじゅ)を植えたりして　団地を造るのであ

227

ります　此れは団地造りの事でありますが　此の様にして　団地を幾つも造って都市を造って行くのであります　此れを都市計画学と言いますが国会議員は勿論　市町村の議員になる方は　全部都市計画学位は　勉強された事と思います　若し議員さんになってから　都市計画学を勉強する様では　要領(ようりょう)のいい人であって　実力は無い人です以上の如く五万人の団地は　五万人と言う限界を以て計画し　設備したのでありますから　それ以上に人口が増えますと　上下水道を始め汚水処理施設や芥(ごみ)処理問題等　五万人の施設をした団地に十万人も二十万人も人口が増えますと　その団地の機能は故障してしまいます　そのまゝでは居住不能になってしまいます　それと同じで　地球は二十億人限界の所までは　自然の機能で暮せます

世の立て直し

が　その限界を越えてしまいますと　自然ではなく不自然になりますから　自然界に異常が現れて来ます　天候異変や　大地震　大噴火等異常なる大変動が現れて来ます　そして人間世界は　精心異常者や肉体異常者が　異常に増えて来ますが　現在増えている精心異常者は　良い事か悪い事か判断の出来ない人達であって　身分や地位の高い人にもいます　世界を汚染したり　人々を脅かしたりする　原爆や水爆の実験と言う事は　脅かしであり　威圧であって　人々を屈服させて偉い振っている人間であって　そんな者は例え　大統領でも　国の主席でも　良い事か悪い事かの判断の出来ない者で　人間的常識の無い精心異常者であって　本当の意味の実力者ではありません　本当の実力者は　脅かしも威圧もせずに　人種差別も

宗教差別もなく　世の為人の為　平和共存の為に尽した人が実力者であって　尊敬される人であります　然し現在は偉くない者が偉い身分になって人々を脅かし　威圧し　屈服させる様な時代遅れの　精心異常者が多くなって来ました　宗教の世界にも　宗教法人と言う資格を持った　殺人鬼が日本中から世界まで脅かした　大嘘つきが現れました　その大嘘つきに騙されて　立派な家の子供達が有名大学で　秀才と言われる程になって　殺人鬼の弟子になり　殺人を行ったと言う　前代未聞の　殺人団体が現れた事は　御存知の通りであります　此の様な事が二度と起きない様にと　思いますが　まだまだ　偉そうな顔をした精心異常者が　宗教家ばかりではなく　他にも沢山いますから　充分に気を付けて下さい　悪い者達が増え

世の立て直し

て来ても　悪い宗教団体が現れて来ても　そんなものに騙されない方法があります　それから古い宗教でも　古い神社や寺院でも　住んでいる神職や僧侶の行いを　よく見てから信用しないと危ないです　神社や寺院や教えが古くても　住んでいる人間は新しい筈(はず)です　此の事を確り悟って下さい

◆世の中が悪くても　人が悪くても　自分まで悪くなる必要はない　此れは自分に言う言葉です

◆何んなに古い神社や仏閣でも　そして古い教えでも　住んでいる神職僧侶は　新しい筈です

◆宗教家は人助けが本職であって　自分が助りたい為に　宗教家になるのは違います　それは宗教家見習いであり　見習い修行者であります

◆建築学を習い実習も行って　建築家になりますが　建築用の道具を持って　建築会社へ入って

も建築家ではありません　建築技術見習い者で
それから勉強し修行して　一人前になります
◆親は子に　神様の実在を教えなければならない
然し殆どの親は　神様の実在を知らない
◆宗教家でも　神様の実在を知らない者がいる位
でありますから　騙されない様にして下さい

人間が造った世界ではない

現在世界には　数多(あまた)の宗教宗派があって　皆そ
れぞれの主義主張を守って　中々融合(ゆうごう)出来ない事
があります　宗教戦争　民族戦争　と言う事にな
りますと　迷える者達の火遊びと言う事になりま
す　争う者達がいれば　それを治めて平和にする
のが　宗教家の仕事であります　それを知らない
者達は　宗教を看板に殺人を行う迷える者達です

世の立て直し

それから　もう一つ変な病気の宗教団体がいます
それは　世界中の数多(あまた)の宗教宗派を　一つにして
世界を統一しようと言う　野望に狂った宗教団体
があります　その様な者達は皆　神理を勉強して
いない証拠となります　神理を勉強していれば
次に言う事は　素直に　納得出来る筈であります
◆此の世の中は　神様が造ったのであって　人間
　が造ったのではない　人間も造られたのである
◆世界中の宗教宗派は　全部無い時代でも神様は
　実在であるから　今の宗教宗派全部　無くなっ
　ても　神様の掟　神理法則は無くならない
◆神様の実在を知らなくとも　神様は実在である
　人間は誰もいなくなっても　神様は実在である
以上の様な事を　読んでも　聞いても　神様の実
在を判らない人は　迷っている人でありますから

素直な気持になって　ふしぎな記録を第一巻より勉強を　やり直して下さい　そして神様の実在を確り悟って下さい　そうなれば　人間が造った世界ではない事が判って　現在の人間が好き勝手に　行っている事は　間違っている事に気が付く筈であります　人間が造った世界ではないのでありますから　造り主の掟（おきて）と言う定め事に　従（したが）わねばなりません　造り主の計画は二十億人である所に　五十億人も　六十億人も　限界限度を越えて増えて行く人間は　造り主である神様の実在を知らぬ証拠であって　神様の掟である限界限度を越えた人間は　地球上が異常事態になった事にも気が付かないのであります　虫や動物でも限界限度を　越えて多数発生すると　人間は何と言いますか〝異常発生した〟と言うではありませんか

世の立て直し

そうすると現在の地球上に　人間が異常発生した事になりませんか　此の点を確りと悟って下さい

悪いものは隠れても　隠しても駄目です

然し人間が異常発生したと　言う言葉遣いは慎(つつし)むべき言葉でありますが　人間は限界を越えて増えましたのは　事実でありますから　神様の掟に依り　自然淘汰と言う働きに依り　地球上の大掃除が始まります　汚れた物は　人間でも何でも掃除して　役に立つ物と役に立(た)たない物と分けて役に立たない物は捨てて　役に立つ物は取って置きます　そして物でも人間でも限界を　越えて多過ぎると　減らされると言う事が起きて　自然が常に保って行ける様になっています　そうなりますと　限界を越えた人口は　何の様にして減らさ

れるかと言う事になります　それは大変な事であります　戦争に依る残虐(ざんぎゃく)行為に依って　善良な人まで犠牲にされてしまう事や　海や陸や空の交通事故等に依る犠牲者は　善良なる人達も巻添(まきぞ)えになりますが　詐欺　横領　殺人　等悪い事をしても見つからない者がいても　それは人間には見つからないけれど　神様には見つかっていますから悪いものは隠れても　隠しても駄目です　やがて必ず見つかる事になっています　此の世の立て直しと言う大掃除が　始まっていますから悪い物があれば　此処に悪い物があったぞ　此処に悪い者が隠れていたぞ　と言う様に見つかる様にされてしまいます　立て直しの大掃除は　宗教界にも進んで来て　立派な宗教法人と言う看板に隠れて善良な人々を騙して　大嘘(うそ)つきの偽(にせ)宗教家がいた

世の立て直し

ぞ　と言う様に次第に　悪い者や役に立たない者達を　表面に表して　人々の見せしめにされます　神様の実在を知らぬ者が　宗教家になると偉い振って　慢心して教祖様になったり　偽神様になったりして　自分自身を騙している愚か者になって神様に見捨られてしまいます　此の様な者達は神様が造った世の中に　生きていながら　神様の実在を知らぬ為に　好きな勝手なデタラメな事をしている　恩知らずであります　此の様な人間が非常に多くなったので　遂に地球世界の大掃除が始まったのであって　それが世の立て直しであります　そうして次第に大変な事が起きて来るのは当り前である　と言う訳が判った事と思います　現在世界には宗教家や　予言者と言う人達がいても　これ程詳しく解き分けした人は　誰もいない

事を知っています　神様の実在を知らない人の言う事は　信じては　いられない時代となりました

神(かみ)の心(こころ)に凭(もた)れて通(とう)れよ

　御神言に　このよの　たてなをし　きたるでな　かみの　こころに　もたれて　とうれよ　と記されてあります如く　最早立て直しの事は　始まっています　何故その様な事になったのか　と言う事も今までに　詳しく解き分けてきました如くであります　人間が造った地球ではないのに　人間は造り主の事を　知ろうともしないで　気まま勝手の出鱈目(でたらめ)な事をして　神様が定めた掟の限界限度を　越えても気が付かず　破壊し続けているので　此のままで行けば　人間自身が　人間の住めない地球に　してしまうので　放ってはおけなく

世の立て直し

なって　神様が人間に〝このまゝでは　人間世界は危ない〞と言う事を　天候異変や　天変地変等を以て　知らせているのに　人間は気が付かないので　次第に大変な事が近づいているのであります

```
　　　　かみのことば
なにごとも　おきてから
　ゆうのが　にんげんで
おきる　まえから
　おしえてとうるが かみのみち
```

平成三年十一月二十一日発行のふしぎな記録第二巻　金の巻の巻頭に次の様な御神言があります
◆にんげんに　かねを　まわして　さばきするであります　此の予言の通り　実体のないアブクの様な　バブル経済に依って　大失敗をした者が

沢山現れた事は　既に御存知の如くであります
次に平成六年九月一日発行　ソロンの予言書の中
で149頁に　平成7年　西暦1995年　日本及び世
界各国に大変動と記してあり　そして151頁には
日本の国の政局不安定は　国民に不安動揺を与え
たので　日本近海の海溝(かいこう)に大異状が起きる事　そ
して天候異変と大地震が起きる事と　記しました
此の予言も御存知の如く　平成7年1月17日阪神
大震災が起きました　ソロンの予言書の原稿は
平成5年9月より書き始めて　平成6年4月に書
き終わったので阪神大震災の起る前でありました
ふしぎな記録第二巻金の巻も　ソロンの予言書も
予言的中の証拠文献となりました　それから暫く
ではありますが　予言者達が鳴(な)りを潜(ひそ)めています
兎に角　人間は何事か起きてから　予言者振って

世の立て直し

騒ぎ出しますが 神事では かみのことば に記されています如く 何事も 起きてから 言うのが 人間で 起きる 前から 教えて 通るが 神の道 と言う如くであります 神様が此の度の世の立て直しの事について このよの たてなをしきたるでな かみのこころに もたれてとうれよと言われています 何か大変な事が起るに 違いありません 例え何んな事がありましても 私は誠の人達を助けたい為に 何うしても教えておきたい事があります それは 如何なる時でも術事の神名 なむ いゐしん おきの みこと 様と唱え続ける事であります 例えば 死んでしまう時でも術事の神名を唱え続けて 霊(みたま)になっても術事の神名を唱える事が 神の心に凭(もた)れて通る生き方であって神様の実在を悟った人間の通る生き方であります

241

> 世界中の宗教宗派が無くとも神理はある

神様の実在を悟れ

　世の中には色々な生物(いきもの)が沢山います　その中で万物の霊長と言う人間にして　生を享けながら此の世を造り　森羅万象を造りましたる威大なる造り主を　尊敬して神様と申しあげていますのに神様の実在を知らない人が沢山いますが　それでは折角人間として貰いましても　その人生は無駄な事になるか　取り返しのつかぬ大変な事になってしまいます　それは万物の霊長たる人間を失格して　虫　鳥　動物　等に生れ変って　鳴き泣き暮す生物(いきもの)となってしまいます　何故(なぜ)そうなるかと

神様の実在を悟れ

言う訳は　万物の霊長たる人間にして貰いながら神様の実在を悟れないので　人間失格となるのであります　あっさり簡単に申しあげましたけれど此の事は事実でありますから　虫や鳥や動物になってからでは　何程泣いて騒いでも手遅れ(ておく)であります　神様の実在を悟る事は　人間として生きている中に　悟らねばならない事であります　油断したり　怠けたり　知ったか振って慢心していれば　本当に虫や鳥や動物になってしまいます　その様な事にならない様にする為に　何うしても神様の実在を悟らせたい　と思って書き続けているのであります　現在の人間界は　神様の実在を悟る所(どころ)か　知らない者達が　宗教家になりすましていますから　油断は出来ません　その為に益々神理の勉強をして　偽宗教家達を見破って下さい

神様の実在を悟っていない者が　宗教家になって
いるのは　人助けではなく金儲けが目的で　嘘つ
きですから　騙されない様に　気をつけて下さい

知識人(インテリ)ぶる　無神論者

　自由宗教一神会本部は　古代神道祭式祓修行場
であって　神聖なる境内地でありますので　会員
信徒さん以外の参拝者は　社務所に申し出ますと
奇跡により　光の柱が立ちましたる場所に　建て
ましたる　礼拝門がありますが　そこで参拝をし
て戴きます　それより中へ入って　拝殿にて参拝
致しますには　会員信徒さんか参拝券所有者及び
特別許可者であります　不思議な記録やソロンの
本の読者で　本友(ほんゆう)の方は初めてでも　社務所へ申
し出ますと　三殿参拝の仕方を教えて下さいます

神様の実在を悟れ

何故(なぜ)此の様に厳(きび)しくする様になったか　と言いますと　余りにも礼儀知らずの人間が多すぎるので善良なる会員信徒さん達を守る為に　厳(きび)しく致しました　それでは次の実例を参考にして下さい

◆或る日の午後の事でありました　女の信徒さんが五人で参拝に来ました　皆さんは笑顔で受付へ参拝券を出しましたが　中の一人だけ何か落ち着きがなく　怯(おび)えている様子でありましたが　皆さんは揃って拝殿へ行って　参拝をしていました時　見た事のない男の人が　礼拝門の前を通っても頭は下げないし　人がいても挨拶もしないでカラーシャツにジーパン姿で　黙って入って来ました丁度その時　私は玄関の所にいましたので〝一寸(ちょっと)待ちなさい　何か用ですか〟と言いますと〝女房がこんな宗教に騙されているから　つれ戻しに来

たのだ〟と言いますから〝この馬鹿者め!!真実の神様の所へ来て何を言うか　人に騙された事はあっても　騙した事は一度もない〟と言うとその男は〝あんたは誰だ〟と言いますから〝こんな作業衣を着ていても　こゝの会長だ　馬鹿にするな〟と言うと〝俺は無神論者であるから　誰にも関係ない〟と言って入ろうとするので〝此処の責任者の言う事を聞かないで入ると　不法侵入に依って隣りの警察へ連れて行くぞ　こゝは無神論者の来る所ではない　サッサと帰れ!!〟と言いましたら驚いた顔をして帰りました　女の信徒さん五人の中(うち)一人が　何か怯(おび)えている様だと言いましたがやはりその人の夫である事が判りました　競輪や競馬　パチンコに狂(くる)って仕事をしないので　生活は苦しく婦(かみ)さんがパートや内職で稼(かせ)いだ　お金を

神様の実在を悟れ

待っていて 遊んでいる夫でありました 無神論者だと偉い振っていましたが 私に言われて帰って行きましたら 婦さんが出て来て〝私は何うすれば良いでしょうか〟と言いますから〝あなたは悪い事をしているのですか 何も悪い事をしていないなら そんなにビクビク怯える事はありませんよ 本当に信仰をしているならば 正々堂々と夫に向って 意見を言って狂っている夫を 正気になる様に努力するのが あなたの役目ですよ それなのに 怯えて逃げているのは あなたも悪い事をしているからだ 先ず自分の悪い所は改めて 夫の悪い所を改めさせるのが順序であるけれど 今の様なグニャグニャの根性では 無神論者の餌食になるか 夫婦別れになるかどちらにしても此処へは来なくなるであろう〟と言いましたら

それから暫くして　夫婦別れをしたと聞きました　神様の実在を悟れない者が　辿(たど)る人生でありましたが　神様の実在を悟った四人も　同じ様な因縁でありながら　毎日参拝に来て仕合せであります　神様が造った世の中にいながら　無神論者であると言うのは　知識人(インテリ)ぶった思慮(しりょ)の浅い人間であると思います　本当に知識人(インテリ)であれば　お医者様になっても　神理を求めて信仰もしています　次に長年付き合っている歯医者さんの事を　記す事にします　その人はChristian(クリスチャン)でありますが　神社でも寺院でも行った先で　礼拝をして通っている位でありますから　心の出来た立派な人格者でありますが　或る時私の歯を治療した時に　先生が"会長さんの歯を治療していると　あまりスゴイ歯であるので　歯医者をやめたくなるよ"と笑い

神様の実在を悟れ

ながら言いましたが その筈です 私は子供の時より歯の痛い事を知らないで来ました 考えて見ると十五才位の時から 子供が歯が痛いと言って泣いていると可哀相(かわいそう)になり 側へ呼んで手を当て神様にお願いすると 口を結んでいても痛い歯の所で 指が止まってしまいますので また神様にお願いして 気合を掛けますと 痛みが止まりますので 痛くない中に歯医者さんに行きなさいと言いました 中には痛みが無くなると 歯医者さんに行かないで それっぱなしの人がいました 知らぬ間にそなわった●歯のまじない●であって今は弟子にも授けてあります その様に人助けをして来た為か 歯の患(わずら)いはありませんが 若い時軍隊で古年兵に 底に鉄の付いている皮のスリッパで 両頬(りょうほほ)をモーションをかけて 叩(たた)かれました

ので　両頬は切れて奥歯が折れて　血だらけになりました　その時はまだ若かったので〝この古年兵野郎　いまに見ていろ　動けなくしてしまうぞ〟と思いましたが　その後　折れた奥歯の先が口内の肉にささって　辛い思いをしながら終戦を迎えて　内地に帰ってから十年も過ぎて　歯医者さんに治療して貰いましたが　それまでは人と話しをするのも食事をするのも苦患で　話しをするにしてもゆっくりと話しましたのが　習慣となりましたので　宗教家には丁度良かった　と思った時に叩かれた　あの時に〝この古年兵野郎いまに見ていろ〟と思った事は　悪かったと気が付きました　歯が折れて　ゆっくり話す様になった事が　今になって考えると良かったのだ　と気が付いたのでありました　そんな訳で私の奥歯には　金冠が被

せてありますが　時々歯石(しせき)がたまると歯医者さんへ行きます　その時にあまりにも頑丈(がんじょう)で　歯の質は真珠質であると言うので　歯医者さんは驚いて〝会長さんの歯を診ていると　歯医者をやめたくなるよ〟と言いましたが　もう一つの訳は丈夫な歯で　滅多(めった)に歯医者に行かないからでありました　歯医者さんや　内科のお医者さん方でも　神理の勉強をして　信仰をしているお医者さんは　人柄も良く　立派な人格者でありますが　私は無神論者である　と言った医者がいましたので記します

無神論者であると言った医者

此れから記します事も実話でありますので　証人もいますが　仮名を使う事に致します　どうぞ御承知の上　人生の参考の為に勉強して下さい

毎日お参りに来る人を　日参(にっさん)の人と言いますが
神様に対する　朝のおつとめ　は八時半から始ま
りますので　それに間に合う様に　日参の人達や
神理の勉強の人達が集まって来ます　朝のおつとめ
が終りますと　朝席と言って　神理の勉強を一時
間程行います　それが終わると明るい顔した　会員
信徒さん方が　神様に御挨拶をして帰りますが
その人達の殆どは　辛い苦しい人生を通って来
た人や　宗教団体や修養団体に騙されても挫(くじ)けず
に　神理を求めて来た人達であります　安心の出
来る所へついて　人生に希望を持っている人達が
仲良く楽しそうに帰って行く時に　年の頃は六十
近い夫婦が入って来ました　婦さんの方は時々来
ている人でした　婦さんは受付の先生方に挨拶を
してから　拝殿へ行って　三殿に参拝をしていま

神様の実在を悟れ

すが　夫さんの方は　人に会っても挨拶をしないで　婦さんが参拝していても　腰掛けたまゝ腕を組んで黙(だま)っています　婦さんが参拝を終わった頃でした　私が通りかかりましたら〝会長先生　私の主人に会って下さい〟と婦さんが言いますので〝そうですか〟と言って　その主人と言う人の前へ行きましたが　初めて神様の所へ来たと言うのに　上着も着ないで　ワイシャツを腕捲(うでまく)りして腕を組んで腰掛けたまゝ　私の顔を見て薄笑いをしていますが　私は心を低(ひく)くして〝ごくろう様です何か御用でありますか〟と言いましたら〝女房(にょうぼう)が　又変な宗教に騙されている　と思って見に来たまでだ〟と言いましたので〝婦さんが参拝しているのに　あなたは参拝はしないし人に会っても挨拶もしないで　家の中へ入って来て坐りこんで

253

様子を見ていますが　あなたの家へ黙って入って来て　腕(うで)を組んで様子を見ている人がいましたら何うしますか″と言いますと″私はネ無神論者である　説教を聞きに来たのではない　参拝に来たのでもない″と言いましたので″此処は無神論者の来る所ではありませんから帰って下さい″と私は次第に声を大きくして言いました　そして一言″神様の造った歯は育つが　人間の造った歯は育たない　それが判らない歯医者は嫌いだ″と言うと　婦さんを置いてサッサと帰って行きました
婦さんは他の部屋で　親戚の人と話していましたが″主人は帰りましたよ″と言うと　慌てて出て来た婦さんは″何かあったのですか″と聞きますから″私はネ無神論者である″と言うから此処は無神論者の来る所ではないと　一部始終を話しま

神様の実在を悟れ

したら　婦さんは"どうもすみません家へ帰ったら何うなるか心配です"と言いますから　私はハッキリと"何も心配はありませんよ　主人は　あなたに惚れているから　何処へ行くのかと思って嫉妬を焼いて　様子を見に来たのですよ"と言ってから　次の様な事を婦さんに話してあげました
◆あなたの主人の姿や顔を見ましたら　一寸立派に見えますが配偶者生死別の人相です　そして現在は　あなたに惚れているくせに　女性問題がからんでいます　それから　あなたの顔を見ると家庭が複雑であって　家族の仲は良くない筈です
以上の様な事を　婦さんに言いましたら全くその通りです　と言いました　それから結婚した倅は主人と一緒に　歯医者をするでしょうか　と言いますので　絶対に親とは一緒にやらないで　外へ

255

飛び出してしまいますよ　そして　不幸な事が起きますよ　それは伜さんの嫁さんは妊娠している筈ですが　その子の事ですが　今は言いませんと言っておきました　丁度その時婦さんの姉さんが参拝に来ましたので　一緒に家まで送って貰いました　その後二か月位過ぎた頃に　長男の嫁さんが出産をしましたが　その子は小児麻痺(しょうにまひ)でした

互い立て合い助け合い

　同じ様な歯医者さんでも　お医者さんでも信仰心の有る人と　信仰心の無い人では　人柄が違います　それに高等教育を受けた人達が　知識人(インテリ)ぶって　無神論を唱える様では　如何(いか)に思慮(しりょ)の浅い人間であるかと　反省すべきであります　無神論者の歯医者に〝神様の造った歯は育つけれど　人

神様の実在を悟れ

間が造った歯は育たない″と言っても　人を馬鹿にする心が先になって　受け取れない人になっていました　人間には造れない世の中に住んでいて　人間には造れない人間にして貰いながら　造り主である神様の実在を　判らない人間は　何程高等教育を受けても知識人(インテリ)ではない　本当に知識人であると思うならば　哲学を以て宗教を解き分けたら何うか　自由宗教の行き方は　宗教哲学であって　それが判らない人間は　知識人とは言えない　自由宗教と言う所まで来るには　宗教哲学と精心科学が　神様の導きに依って出来たのであって　古代神道の現代名　New(ニュー) Style(スタイル) ancient(エインシェント) Shinto(シントー)であり　freedom(フリーダム) religion(リリジャン)　自由宗教となります　兎に角　神様が造った世界にいて　数多(かずおお)くの生物(いきもの)の中で　万物の霊長の人間にして貰いました事を

257

悟りましたら　人間は　互いに立て合い助け合って　通る為に　真実の神様を祀りましたる所へ集まって来るのが当り前であります　子供が親の所へ来れば　安心する如くであります　全然知らなかった人達でも　神様の所へ来るうちに知り合いとなり　良い人達の仲間になって　困った時にも辛い時でも　互いに立て合って助け合って　通れる人達がいると言う事は　心強い事であります　良い友達　良い仲間　良い人達は　多勢いた方がよい　決して仲間外れになっては　駄目ですよ　友達は多い方が良い　それには礼儀が必要であります　昔から言われます如く　親しき仲に礼儀あり　と言う事を忘れてはなりません　それから人を嫌うのは簡単だが　人に好かれるのは難しいと言う事も覚えていて下さい　人に嫌われる人は

神様の実在を悟れ

互い立て合い助け合い　と言う事を知らないで何事も自分本位で　自分勝手でありますから　嫌われてしまうのでありますから　人の為に尽(つく)す事や　お金や物にしても　貰うばかり溜めるばかりではなく　施す事　与える事を出来る様になって親切にしてあげれば　何うしても好かれる人になります　繰り返して言いますが　良い友達は多い方が良い　その為に　互い立て合い助け合い　の言葉を忘れてはなりません　神様でさえ此の世を造る時に　手分けして心合せてこの世拵(こしら)えた　と言う如く　互い立て合い助け合っているのであります　人間が互い立て合い助け合いで通りますと立つ骨の理受持の神様に　好かれて立身出世の出来る様に　導いて下さいます　立つ骨の理受持の神様に嫌われますと　身は倒れ　家は潰れてしま

います　立つ骨の理受持の神様に好かれる様にして下さい　そして神様の実在を確り悟って下さい

恩返し 身代り 大木

　此の本は　十の神理の中の立つ骨の理の解き分け本でありますが　始めの頃に申しあげましたる如く　立つ骨の理受持の神様が　世界では植物も受け持っています　その様な訳で植物の肥料に骨粉と油粕と混ぜて与えます　一神会の境内地は森であったので大木が残っています　それでも又立派な木や　花の咲く木や庭石を　買って来て私と弟子の先生達と　会員信徒さん達と庭を造りました　良く出来たか何うかと言う事は　御覧になって下さい　それから　松の木の盆栽や　万年青等が沢山あります　私は庭木や盆栽や　お花を大事

にしていますが　それでも枯れてしまう事があります　庭を改造する度に　あち　こち　かたし過ぎたり　時季(じきはず)外れでも移動しなければならない事があって　枯れてしまう事があります　その時に植物受持の神様である　立つ骨の理受持の神様に深くお詫(わ)びして　植物の霊(みたま)（木霊(こだま)）を　神様の御元(もと)へ帰れます様　お導(みちび)き下さいと　謹(つつし)んでお願い申しあげるのであります　此の様に境内地の植物は大事に　大事にされていますが　不思議な事が起きました　平成七年九月十七日　台風十二号は超大型で最大級の勢力を維(い)持して　三宅島では最大瞬間風速五五・四メートルを観測しましたが東京でも四六・九メートルを観測しました　此の台風は千葉県銚子より　百キロ沖を通過しても此れ程の大暴風雨でありますから　静岡県か千葉

県に上陸したら　大惨事となる所でありました
一神会本部でも　厳重に警戒をしていたのでありますが　通りに面した所に　神明造り大鳥居が建っています　高さは八メートルでありますが　それよりも倍も高い位で　幹の直径は一メートル位もある　アカシアの大木がありました　太い根が四方に張っていて　樹齢百年位のアカシアの大木で　まだ勢いが良くて　立派な木でありますから誰も倒れるとは思っていませんでした　ところが九月十七日の午前十一時半　大音響と共にアカシアの大木は　道路の方へ倒れました　その日は日曜日でも台風の為　人通りも少なかったので人身事故はありませんでしたが　電灯線と電話線は切れて道路を塞(ふさ)いでしまいましたので　早速　警察と消防署と電気会社と電話局へ連絡しました　何(なに)し

神様の実在を悟れ

ろ直径一メートルもある様な大木が倒れましたので　早く切って片付けて下さいと　言う様な訳には出来ません　警察が来て通行止めをしてくれました　消防の分団の人達が来てくれて　木を切ったり片付けたりしてくれました　電気会社も　電話局も来て　皆して風雨の中でも一生懸命片付けてくれました
そして皆さんが言った事は〝こんな大きな木が倒れたの

に怪我人が出なかった事と　近所の家に被害のない様に倒れたのが不思議だ"と言う事と大木ではあるけれど　根は腐っていないし　勢いの良い太い根が　こんなに張っているのに　何うして倒れたのか　会長さんが朝の散歩の時に　必ず側へ来て　幹にさわったりして　大事にしていたのにと言う人がいました　やはり私が木を大事にしているのを　それとなく見ている人がいるのでした
日照り続きの時や　水道の節水の時などは　自動車にドラム缶を載せて　大川へ行って水を汲んで来て　植木に撒いてあげます　とにかく植物でも家族の様に面倒を見てあげますと　お互いに相通じる事になります　犬や猫　牛や馬でさえ大事にしてあげると　情が通じて来ます　犬では渋谷駅前に銅像になっている　忠犬ハチ公や　馬では

神様の実在を悟れ

塩原多助の青が有名でありますが　近頃の人は知らない人が多いので一寸お話し致します　上州は沼田の在　新治村と言いますと　現在では群馬県利根郡新治村となります　塩原多助さんは幼い時から不幸な運命で　母親に死なれると養子に出されて　育てられますが　養子に行った先の母親に多助さんは　虐待され　家の中では食事は出来ず物置で炭俵を作って寝起きもして　山の炭焼小屋から帰る時は　青の背中に四俵乗せて多助さんが一俵背負って　山道を降りながら　青よ重いかいと声をかけたり　田畑へ行くにも　青と一緒でしたが　多助さんが十五才の頃　江戸へ行こうと決心して　村を出る日の朝早く　まだ暗いので青は寝ていると思ったが　ソーッと馬小屋へ行くと青は起きているので　それとなく青の首筋をたた

いて〝青よ　お前ともお別れだ〟と言って馬小屋から出様(でよう)とすると　ボロな着物の肩の所を　くわえて　離さない　青の大きな目を見ると　涙をいっぱいためているではないか　馬でさえ大事にしてくれた人の恩を知っていて　別れを惜しんで泣いているのにと思って　やっとの事で　青と別れて江戸に出て　難儀苦労を重ねて　本所の相生町(ほんじょ　あいおいちょう)で　屋号を塩原屋と付けて　薪炭商(まきすみ)を始めて大成功をしました　此れは江戸時代の実話であります　此の様に　忠犬ハチ公や　塩原多助さんの青の如く　家畜(かちく)でさえも　大事にして可愛がってやれば心が通じます如く　植物も同じく生物(いきもの)であって心が通じます　本当に大事に大事にしてあげますと　犬猫や牛馬でさえも　恩を感じるのであります　そして植物でも同じであります　台風十二号

神様の実在を悟れ

で倒れてしまったアカシア大木を　片付けている時に　弟子の一人に　日本酒一升瓶(いっしょうびん)を持たせて来ると　倒れた大木の根元に　全部かけて　根元や幹に手を当てながら"長い間御苦労様でした　此の度は誠にありがとう"と言ってから"神様此のアカシアの大木の御霊(みたま)を　植物を受持の立つ骨の理受持の神様の元へ　お導き下さいます様お願い申しあげます"と声を出してお願い致しましたら先生方の中の何人かは　ハッと気が付いた様子でありました　それと言いますのは第二次世界大戦で　背骨の上から下まで　ガタガタに打撲(だぼく)した私は　気圧や気温が身に染みて　起きていられない事が度々あります　それでも傷夷軍人の恩給證書は持っていますが　日本は敗けたのだから　いらないと言って辞退しました　今は年のとった事も

267

忘れて不思議な記録の原稿を書き続けていますが負傷した躰に疲れが加（くわ）わって　時々一生の終りかと思う事が度々となりました　不思議な記録を一巻作る度に一度位倒れました　それでも願掛けですから頑張りました　然し此の度の台風十二号では　三日も前から　躰中が変になって　起きていられない位になりました　食事も全然しないで背骨ばかりではなく　躰中が痛い様な　息が苦しい様な　死んだ方が余程楽だと　思う位でありましたが　十七日午前十一時半頃　台風が千葉県に近づいた最中でした　急に躰が楽になりましたので起き上ると　外の方から人が入って来て　大鳥居の前の大木が倒れて　道路を塞いで何も通れないと知らせが入りました　私はすぐに気が付きました　あの大事にしていたアカシアの大木が身代り

神様の実在を悟れ

になったな…と思うと可哀想になりました　木で
さえも大事にされて　恩返し　身代り　大木　と
なって　樹齢百年の幕を閉じたのでありました
此の事を更に深く悟って戴く為に　実話をもう一
つ記しますから　確り悟って戴きたいと思います

庭木が枯れて心配をしていた人

　父親は造園業をしていましたので　立派な庭の
あるお得意様が沢山ありました　その中でも古い
お得意様で　伊久野様の事で　父親が私に聞きに
来ました事と言いますのは　伊久野様の家の門の
所に　立派な門かぶり松がありましたが　何とな
く葉が赤くなって来たと　思いましたが遂に枯れ
てしまいました　松食い虫にやられたのでありま
したが　他の松は枯れずに生きています　それで

父親は　御主人に頼まれて　枯れてしまった門かぶり松を片付けに行きましたら　お茶の時に奥様が来て〝立派な木が枯れると　家族に不幸があると　近所の物識りさんに言われましたので　心配になりましたので　親方の伜さんに教えて貰いたいのですが〟と言う訳で　父親が聞きに来たのでありました　その時の話を　記す事に致します

◆庭を造りましても庭木を　大事にする人と大事にしない人がいます　それに依って判断が違ってきます　庭を造っても造り放しで　草むしりはしない　水撒きもしない様な家の　庭木が枯れた場合は　何事もありません　何事かあるぞと　教えても何も判らないので　教えても無駄でありますから　木が枯れて損をする事位であります　然し庭木を大事に　大事にしている人の場合は　庭木

神様の実在を悟れ

でも世話になって　大事にされている恩を感じていますから　その家族の為に　身代りとなる事があります　その場合は　門かぶり松とか庭の真木(しんぎ)となる様な立派な木は　門かぶりと言う役に立っていますのと　庭の中でも真木と言って　主役をつとめている木が　大事に大事にされていても枯れたと致します　それは　主人の身代りとなったのでありますから　その頃に主人の身情は病でありましたが　災難に遭う所を命拾いしている筈であります　それは　庭木でも大事に大事にして家族の様に面倒を　見ていた人でありますので身代りになったのであります　父親のお得意さんの　伊久野様は　旦那様も奥様も庭木を　大事にしていましたので　立派な門かぶり松が身代りになったのであるに違いない　と判断しましたので

父親に〝旦那様は患っていたのではなかったか〟
と言いますと　父親が〝そうだよ　あの旦那は
心臓の具合が悪い　と言っていた〟と言いました
〝あの門かぶり松が身代りになったから　大丈夫
だよ　心配しなくても良い〟と私が言いましたら
父親は　伊久野さんへ行って　その通り申しあげ
ましたら　奥様が驚いて〝その通りでした主人は

神様の実在を悟れ

暫くの間患(わずら)っていましたが　実は危(あぶ)なかったのでしたが　主人は何か急に　躰の調子が変りましたと言って　丈夫になりましたが　あの門かぶり松が身代りになったのですか不思議ですね　そして親方の伜さんも不思議な人ですね″と言いました　此れは今から三十年以上前の事で実話であります　此の様に植物でさえも大事にしてくれた　主人が危ない時は身代りになって　恩返しをする事がありますから　立派な庭木が枯れたからと言って　知ったかぶって　何か災難があると言う様な事を言って　心配をさせる様な事は　言わない方が良いと思います　それよりか神理の勉強をしまして　此の世の中の不思議な事を　確りと悟って下さい　そして立つ骨の理受持の神様に好かれて　人の為世の為に　役に立つ立派な人になって下さい

あとがき

　不思議な記録第十四巻は　十の神理の中の立つ骨の理受持の神様のところであります　今迄解き分けました如く　立つ骨の理受持の神様のお働きが　柱となり骨組みとなって　世の中は成り立っています　この事を　天之御柱(あめのみはしら)の理(り)　と言います　天之御柱と言いましても　形(かたち)は見えませんが実在しますから　世の中は倒れませんし　潰れません　肉眼で見えなくとも　心の眼で判りましたならば　心眼が開けたと言い　開眼したと言います　神理の勉強をして　心眼が開けますと　天之御柱の理　国の御柱の理　家の柱の理　そして人間の背中を通っている骨を　脊柱(せきちゅう)と言って人の柱であります

あとがき

立つ骨の理受持の神様に好かれますと　潰れかゝった家でも　店でも　会社でも　立て直せる程の実力者となり　立身出世もして　立派な柱となり主人となります　また　立つ骨の理受持の神様は植物を受持っていますので　植物の挿絵を多く画いて　少しでも気楽になれる様に致しました　それで骨の話や大木の話等を以て　立つ骨の理を解き分けて来ましたが　既(すで)にお気付きの如くに不思議な記録第十一巻からは　次第

に難しくなって来ましたので　他にすすめて下さいます時は　順序の理に依り　ふしぎな記録第一巻より　勉強致します様に　教えてあげて下さい　始めの第一巻から第十巻までは　ふしぎな記録であって縦書きでありますが　第十一巻から表紙の題字にしても　不思議な記録となって　横書きであります　そして各巻の表紙の色は違う様にして楽しい豪華版に致しました　どうぞ人助けの為に貸してあげたり　勉強会の教科書にお使い下さい　扨　毎日の様に原稿を書き続けていますが　外を見ると今年もあと二か月位と　なってしまいました　ツツジ　サツキの花も過ぎ去って　ハチスの花も　百日紅の花も終って　鉢植えの菊の蕾が大きくなってきました　もうすぐ七五三のお祝いの子供達が　お参りに来始めます　本当に月日のた

あとがき

つのは早いもので　原稿を書き続けていますと
境内地の中を散歩するのが　良い運動となります
その時に木も草花もありますから　良いけれども
今は自動車が多くなりましたので　駐車場にする
からと言って　木も草花も取り払ってしまっては
何となく　素っ気なく　物寂(ものさび)しい気が致します　木や草花を粗末にしますと　何うなるかもうお判りになった事と思います　シクラメンや観葉(かんよう)植物等を　部屋に置いたり　生花を

置いたりして　木や草花に接する気持がある人は
心の優しいところのある人で　人々に好かれます
神様にも好かれます　ところが　立派な庭木があっ
ても　綺麗なお花があっても　見もしない振り
向きもしない　と言う様な人が随分多くなりまし
た　その様な人は　木も花も植える所のない家に住
む様な　身分になってしまいます　とにかく悪い
ところや　いやしいところは改めて　立つ骨の理
受持の神様に　好かれる様になって下さい　まだ
まだ教えたい事が沢山ありますが　次の第十五巻
は　十の神理の中の一つで　風の理　を解き分け
する事に致しますが　前にも記しましたる如くに
全巻揃いましたら　大変な宝物になる本でありま
すから　大事にして下さい　原稿を書きながら
フクロウの鳴き声が聞こえていましたが　何処へ

あとがき

行ったのか聞こえなくなりました　三日月に　梟（ふくろう）が鳴く　神の森　　　平成七年十月　　　著者

```
複　不
製　許
```

自由宗教えの道

不思議な記録　第14巻改訂版

平成27年1月11日　初版発行

著作者　一神会会長　浅見　宗平
　　　　一神宮管長

発行所　自由宗教一神会出版部
　　　　〒270-0023
　　　　千葉県松戸市八ヶ崎4-55-3
　　　　電話　047-341-2223(代)

発売所　㈱星雲社
　　　　〒112-0012
　　　　東京都文京区大塚3-21-10
　　　　電話　03-3947-1021

印刷所　図書印刷株式会社

※定価はカバーに表示してあります

Ⓒ Asami Souhei : 2015 Printed in Japan
＊乱丁・落丁本はおとりかえいたします。
ISBN978-4-434-18797-1 C0314